AF750491

Este livro é dedicado a Knut Hamsun,
a luz e a esperança de uma ordem do mundo natural.

E nunca compreenderá a história americana,
nem a história do Ocidente dos últimos 2000 anos
a menos que examine um ou dois problemas;
a saber, os judeus e a usura.
Um ou outro, ou AMBOS. Eu diria que ambos.

Ezra Pound

PREFÁCIO

O conteúdo deste livro é de natureza controversa e pode suscitar reações fortes, pelo que não subscrevo todos os pontos de vista nele expressos.

Como é que um tema aparentemente tão árido como a história dos bancos centrais e do sistema monetário pode suscitar tais reações? Podemos perguntar-nos por que razão alguns irão criticar esta obra como se fosse um caso de heresia, alegando que Stephen Goodson saiu do âmbito do debate histórico aceitável.

Goodson possui as referências e a experiência necessárias para apresentar um tema que passou anos a estudar e cujos efeitos vivenciou pessoalmente enquanto Diretor não executivo do Banco Central da África do Sul.

Não possuo as competências que me permitam confirmar as descobertas de Goodson, mas estou ciente de que o ponto-chave que ele aborda sobre o poder bancário e o sistema monetário por ele gerado é uma componente essencial das diferenças desumanas na distribuição da riqueza dentro de um país, bem como entre todos os países.

É por isso que, durante vários anos, o meu partido e eu temos defendido que a África do Sul deveria reformar o seu Banco Central e o seu sistema monetário, mesmo que isso significasse colocar o nosso país fora dos critérios mundiais injustos.

As obras sobre economia e o setor bancário são geralmente consideradas obscuras. Os seus leitores pertencem principalmente ao mundo académico e ao mundo dos negócios. Este livro constitui uma exceção notável.

Este texto fornece não só uma ampla visão geral da história da economia ao longo de mais de três milénios, mas também perspetivas sobre a forma como o problema da usura permitiu a redução progressiva da humanidade à escravidão, desde as origens da sua existência civilizada.

Alguns ficarão chocados ao perceber que os Bancos Centrais em todo o mundo, incluindo o nosso próprio South African Reserve Bank, não estão ao serviço do interesse geral, mas agem exclusivamente em benefício de instituições bancárias privadas. Isto não só mina a nossa soberania, como também nos priva dos meios para recorrer a uma moeda emitida publicamente sem dívida; pertencendo, portanto, ao povo soberano como seu próprio meio de troca de bens e serviços.

Em vez disso, no nosso país, tal como em muitos outros, recorremos a moeda privada produzida através de dívidas pelo setor bancário privado. Passar das notas bancárias para as notas do governo permitiria ao nosso povo ter acesso a uma vida digna, próspera e sustentável. Mas uma reforma tão simples constituiria uma verdadeira revolução, mais difícil de concretizar do que qualquer outra reforma ou mudança social realizada até agora.

Embora a África do Sul tenha, aparentemente, recuperado o caminho da liberdade em 1994, internamente, com exceção de uma pequena minoria de empresários negros e brancos, a maioria da população não colheu qualquer benefício nem a menor prosperidade, e, mais ainda, não conseguiu atingir o seu potencial latente, principalmente devido ao nosso sistema monetário defeituoso. Se queremos alcançar a verdadeira liberdade, é imperativo que se empreenda uma reforma monetária com o mesmo vigor e intensidade que os empregados nas reformas políticas durante os anos de luta. Mas isso exige a compreensão do complexo problema de como o dinheiro é criado, a quem pertence e quais são os interesses que serve.

Neste livro, Goodson não se limita a evocar várias tentativas bem-sucedidas por parte de diferentes Estados de prescindir do sistema de bancos privados, mas apresenta também um projeto que responde a muitos dos nossos problemas sociais, tais como a ausência de crescimento económico, uma elevada taxa de desemprego e o declínio dos serviços públicos.

Embora decididamente controverso, trata-se de um livro que suscita reflexão e que os sul-africanos deveriam ler como fonte de inspiração para a ação política.

No seu discurso perante a Associação da Imprensa Americana, em 27 de abril de 1961, o Presidente John F. Kennedy afirmou: «Sem debate, sem crítica, nenhum governo e nenhum país podem ter sucesso — e nenhuma república pode sobreviver. É por isso que o legislador ateniense Sólon decretou como crime o facto de um cidadão se afastar de qualquer controvérsia.»

Príncipe Mangosuthu Buthelezi, deputado.
Presidente do Partido Inkatha da Liberdade,
República da África do Sul.

26 de junho de 2013

INTRODUÇÃO

A história é a disciplina mais crucial de qualquer sistema educativo, superando em importância as ciências e as humanidades. No seu cerne, ela contém a cultura, as tradições, as crenças, o ethos e a *razão de ser* necessários à continuidade de cada povo. Se a história for comprometida por falsificações e omissões, frequentemente impostas por estrangeiros, então a civilização decompõe-se e acaba por ruir, como podemos observar na lenta desintegração da civilização ocidental desde 1945. George Orwell expressou um sentimento semelhante no seu *1984*, quando escreveu: «A forma mais eficaz de destruir um povo é negar e obliterar a sua própria compreensão da história.»

Winston Churchill observou certa vez que, quanto mais se recua na história, mais as coisas se tornam claras e evidentes. Ao empregar esta técnica, o autor espera que todas as dúvidas que o leitor possa nutrir relativamente à sua análise e exegese dos acontecimentos da história moderna sejam dissipadas, se não totalmente eliminadas.

Para que qualquer nação/Estado/sociedade/comunidade conserve a plena soberania da sua independência na gestão dos seus assuntos, o controlo absoluto dos meios que emprega para trocar bens e serviços deve residir nos órgãos que representam o povo, e nunca deve ser delegado a indivíduos ou a grupos de interesses privados.

Ao longo de toda a história conhecida, os períodos em que o Estado exerceu o controlo da emissão monetária foram sempre sinónimo de épocas de prosperidade, paz, enriquecimento cultural, pleno emprego e inflação zero. Por outro lado, quando os banqueiros privados usurpam o controlo da criação monetária, os resultados inevitáveis são ciclos recorrentes de pobreza e prosperidade, desemprego, inflação endémica, bem como um gigantesco e crescente processo de transferência de riqueza e poder político para as mãos dessa pequena camarilha, que controla este sistema monetário de exploração. No passado, quando estes banqueiros centrais tiveram de enfrentar a oposição de nações que procuravam a restauração de um sistema monetário honesto, estes banqueiros parasitas provocaram invariavelmente uma guerra «patriótica» de modo a derrotar o seu tão denegrido «inimigo». Este é o ponto comum de todas as guerras desde há pelo menos 300 anos.

Este livro oferece uma visão geral de como os banqueiros privados, desde os tempos mais remotos, abusaram do sistema monetário — quer se trate de moedas de metais preciosos, notas de banco, cheques ou moeda eletrónica —, criando do nada uma dívida com juros para se arrogarem o poder supremo. Apresenta também um estudo, ao mesmo tempo antigo e moderno, das sociedades e civilizações que floresceram num ambiente isento do fardo da usura.

A solução é simples e óbvia. Se quisermos recuperar a nossa liberdade e preservar a nossa soberania, afastando-nos da escravidão imposta pelos banqueiros privados, temos de desmantelar o seu sistema bancário de reservas fracionárias e a rede formada pelos bancos centrais; caso contrário, seremos nós próprios destruídos e condenados ao esquecimento.

Stephen Mitford Goodson

Junho de 2013.

CAPÍTULO I

COMO A USURA DESTRUIU O IMPÉRIO ROMANO

O dinheiro, sendo uma coisa naturalmente estéril, fazê-lo crescer a partir de si mesmo é um absurdo e uma perversão do seu papel inicial, que é servir para a troca e não para o aumento... Devemos odiar os homens que se fazem chamar banqueiros, pois enriquecem sem fazer nada.

- Aristóteles, *A Política*

Os sistemas monetários da era romana (753 a.C. – 565 a.C.) podem ser divididos em três períodos distintos, nos quais unidades de medida de três metais diferentes foram utilizadas como meio de troca de bens e serviços. Embora existam provas de que a ocupação humana moderna (*Homo sapiens sapiens*) no local de Roma remonta a 14 000 anos (com neandertais a viverem nesse local há 140 000 anos), Roma, enquanto cidade, é tradicionalmente conhecida por ter sido fundada por Rómulo e Remo em 753 a.C. nas proximidades do Monte Palatino, uma região também conhecida como Lácio. Segundo a lenda, Rómulo (que matou o seu irmão Remo) tornou-se o seu primeiro soberano, mas mais tarde partilhou o trono com Tito Tácio, o líder dos sabinos.

Por volta de 600 a.C., o Lácio passou para o domínio dos etruscos. Este domínio durou até que o último rei, Tarquínio, o Soberbo, fosse expulso em 509 a.C. e a República Romana fosse estabelecida. Os etruscos, um povo de origem ariana, criaram uma das civilizações mais avançadas da época e construíram estradas, templos e numerosos edifícios públicos em Roma.

A primeira moeda de troca utilizada em Roma era o gado. Não se tratava de uma verdadeira moeda, mas de um sistema de troca. Muitos povos primitivos utilizavam o gado como meio de troca. Segundo a lenda de Hércules e dos estábulos de Augias, o gado ali criado, mais de 1000 cabeças, representava o tesouro do rei Augias.

A IDADE DO COBRE (-753 -267 A.C.)

Com o tempo, os romanos passaram a utilizar, em vez do gado, blocos irregulares de cobre ou de bronze. Estes blocos eram chamados *aes rude* (metal bruto) e tinham de ser pesados para cada transação.

Com o aumento do comércio, Roma tornou-se uma das cidades mais prósperas do mundo antigo. Esta prosperidade baseava-se no cobre não monetizado e, mais tarde, no bronze, sendo o valor destes metais medido pelo peso de acordo com um sistema de unidades fixas. Eram emitidos pelo Tesouro Romano sob a forma de lingotes pesando 1,6 kg com a garantia total do Estado e eram designados como *aes signatum* (metal estampado), pois eram estampados pelo governo com uma representação de vaca, águia, elefante ou outras imagens. Por vezes, eram fabricados na forma de concha de vieira. Em 289 a.C., estes lingotes foram substituídos por moedas de bronze discoidais denominadas *aes grave* (metal pesado). Representavam a moeda nacional, eram colocadas em circulação pelo Estado e cada uma, rara ou não, possuía apenas o valor do símbolo sob o qual estava registada. »[1] Esta moeda baseava-se, assim, na lei e não no seu conteúdo metálico (embora esse conteúdo fosse padronizado e as moedas possuíssem, por si só, um valor intrínseco, ao contrário da maioria das moedas atuais). Isto pode ser considerado um exemplo primitivo do uso bem-sucedido de uma moeda fiduciária.

Embora a moeda fiduciária seja muito criticada em certas correntes de pensamento, por exemplo pelos seguidores do

[1] David Astle, *The Babylonian Woe*, Omnia Veritas Ltd, 2015. Este sistema apresenta muitas semelhanças com o dos *pelonors* ou lingotes de ferro, que eram utilizados pelos espartanos como base do seu sistema monetário.

economista austríaco Ludwig Von Mises,[2], ela não representa qualquer problema, desde que seja emitida pelo governo e não por banqueiros privados, e que permaneça protegida contra a falsificação. Em contrapartida, a moeda não fiduciária apresenta a seguinte desvantagem: aqueles que fixam os preços do ouro e da prata, ou seja, os banqueiros privados, podem controlar a economia da nação.

As moedas romanas de bronze *Aes Grave* -241 -235 a.C.

Até 300 a.C., verificou-se um aumento sem precedentes da riqueza privada e pública dos romanos. Tal pode ser medido pelo ganho territorial. Após o fim da Segunda Guerra Latina em 338 a.C. e a derrota dos etruscos, a República Romana aumentou a sua área, passando de 5.525 km^2para 26.805 km^2,ou seja, 20% da península italiana. A par desta expansão territorial, a população cresceu de cerca de 750 000 para um milhão, com 150 000 pessoas a viver na própria Roma.

Foi formada uma parceria entre o Senado e o povo, conhecida sob a denominação de *Senatus Populusque Romanus* (SPQR, o « o Senado e o Povo de Roma»). Os líderes políticos eram famosos pela sua frugalidade e virtudes honestas. Os meios de troca eram rigorosamente regulados de acordo com o aumento da população e do comércio, não havendo, assim, qualquer

[2] Ludwig Von Mises (1881-1973) é um dos líderes da escola austríaca de economia e um fervoroso defensor do padrão-ouro.

inflação.

O *nexum*, a servidão baseada numa dívida, em que um homem livre oferecia os seus serviços como garantia de um empréstimo acrescido de juros e, em caso de não reembolso, a dívida devia ser honrada sob a forma de trabalho, foi abolido após a agitação plebeia pela *lex Poetilia*[3] em 326 a.C.

A ERA DA PRATA (-267 -27 A.C.)

O sistema monetário tradicional foi destruído em 267 a.C., quando a elite patrícia obteve o privilégio de cunhar moedas de prata. Esta mudança foi simbolizada por um patrício que se dirigiu ao Templo de Juno Moneta (de onde provém o termo «moeda»), para converter um saco cheio de *denários* de prata até cinco vezes o seu valor original, pelo simples facto de cunhar as moedas com um novo valor. Assim, embolsou uma diferença muito substancial para sua própria conta.

A primeira moeda de prata romana era conhecida como *dracma* e inspirava-se numa moeda utilizada no sul da península grega. Foi posteriormente substituída por uma versão mais pequena e mais leve, o *denário*. Havia também um meio *denário*, chamado *quinário*, e uma unidade de um quarto, chamada *sestércio*. O sistema foi posteriormente suplantado pelo *victoriatus*, um pouco mais leve que o *denário* e provavelmente criado para facilitar as trocas entre Roma e os seus vizinhos gregos.

Havia muito poucas reservas de prata na península italiana e, consequentemente, o exército romano teve de se expandir para conquistar outros territórios que delas dispunham. Os camponeses romanos, que tinham proporcionado à República uma e autonomia alimentar, foram recrutados em grande número para o exército. A produção agrícola, especialmente o milho, diminuiu e as quintas dos camponeses foram

3 Para uma denúncia implacável dos efeitos nocivos da usura sobre a população antes da promulgação da *lex Poetilia*, ver Tito Lívio, *The History of Rome*, Livro II, tradução inglesa, William Heinemann Ltd, Londres, 1919.

substituídas por *latifúndios,* que eram grandes propriedades mantidas por escravos. O trigo também teve de ser importado do Norte de África.

A moeda de prata da República Romana, *o denário,* com (à esquerda) a deusa Juno Moneta e (à direita) um pugilista vitorioso.

As tensões nos acordos relativos à concessão da cidadania e da emancipação entre Roma e os seus aliados itálicos provocaram a Guerra Marsica (-90 –89 a.C.). Esta falta de alforria conduziu à fragmentação da sociedade romana e à alienação dos cidadãos pertencentes à classe trabalhadora, que eram tratados como gado e que, por isso, não tinham qualquer responsabilidade nem compromisso para com o Estado. Até à Segunda Guerra Púnica (-218 -201 a.C.), não lhes era permitido servir no exército. Temos aqui o exemplo clássico de uma sociedade que foi monetizada. A República estava enfraquecida e o despotismo aumentava. A pirataria tinha-se tornado um problema grave, com incursões a ocorrerem nas costas, vilas a serem saqueadas e viajantes a serem raptados. A violência tornou-se endémica e gangsters e terroristas atuavam em Roma, pois já não havia forças policiais para manter a lei e a ordem. Estas são as consequências inevitáveis de uma sociedade em que o dinheiro se tornou a ética suprema.

As intrigas políticas também eram comuns entre a elite. As privações económicas causavam descontentamento entre os pobres, que eram cada vez mais escravos do Norte de África, provocando revoltas sociais. Esses distúrbios culminaram na revolta liderada por Espártaco, de 73 a 71 a.C. (A primeira e a segunda revoltas ocorreram em 135 e 132 a.C. e de 104 a 100 a.C.)

O PAPEL DOS JUDEUS NO COLAPSO

Os primeiros judeus conhecidos que chegaram a Roma em 161 a.C. foram Yehuda e Macchabé. Estes judeus romanos exerciam profissões de artesãos, comerciantes e vendedores ambulantes. Também praticavam o empréstimo de dinheiro. Viviam em comunidades distintas, em bairros dedicados. Governavam-se a si próprios de acordo com as suas próprias leis e estavam isentos do serviço militar.

Em 139 a.C., aqueles que não eram cidadãos romanos foram expulsos pelo Pretor Hispano por proselitismo, mas não demoraram a regressar. Em 19 d.C., por meio de um *senatus consultum*, o Imperador Tibério expulsou 4.000 judeus que se tinham visto envolvidos em vários escândalos, mas nenhuma dessas expulsões foi devidamente executada e a sua presença contínua, particularmente como agiotas, viria a desempenhar um papel significativo no declínio e no colapso do Império Romano.

Expulsão dos judeus de Roma pelo Imperador Adriano em 35 d.C., tal como retratada num manuscrito do século XV da biblioteca do Arsenal, em Paris.

JÚLIO CÉSAR

Júlio César (-100 -44 a.C.) nasceu numa família aristocrática, a 12 de julho de -100 a.C. Era alto, tinha a pele branca e exerceu brevemente a profissão de advogado antes de se tornar um brilhante comandante militar que conquistou a Gália (França) entre 59 e 52 a.C. Depois de derrotar Pompeu, o Grande, em 48 a.C. em Farsala, César tornou-se o líder incontestado da República Romana. Ao regressar a Itália em setembro de 45 a.C., César encontrou as ruas e cidades inteiras repletas de sem-abrigo que tinham sido expulsos das suas casas e terras por agiotas e monopolistas. 300 000 pessoas precisavam de ser alimentadas diariamente no celeiro público. A usura, com todas as suas consequências desastrosas, estava em pleno florescimento.[4]

[4] «A democracia imperial que mantinha o mundo inteiro sob o seu domínio, desde os senadores de nomes ilustres até ao mais humilde agricultor, de Júlio César até ao mais humilde lojista das ruelas de Roma, todos estavam à mercê de um pequeno grupo de usurários.» Citado por G. Ferrero, *Greatness and Decline of the Roman Empire*, Vol. vi, William Heinemann Ltd, Londres, 1908, p. 223.

O Fórum Romano foi encomendado por Júlio César em 54 a.C. e a ele dedicado em 46 a.C. Era o centro da Roma Antiga, onde César encontrou o seu fim trágico a 15 de março de 44 a.C.

Os principais agiotas, a maioria dos quais judeus[5], praticavam taxas de juro que chegavam a 48% ao ano. Como o filósofo Sêneca (-4 a.C. – 65 d.C.) observa em *De Superstitione*: «Os costumes desta nação tão criminosa adquiriram tal poder que foram agora aceites em todas as terras. Os conquistados ditam a lei aos conquistadores.»

Naquela época, existiam dois principais partidos políticos: os *Optimates*, reunidos em torno da nobreza, do Senado e de um pequeno número de privilegiados, e os *Populares*, que representavam os cidadãos comuns. César assumiu imediatamente a liderança destes últimos.

César compreendia plenamente os malefícios da usura e sabia

[5] Cícero, Marcus Tullius: «Calma! Calma! Não quero que ninguém além dos juízes me ouça. Os judeus já me causaram problemas suficientes, tal como fizeram a tantos outros homens. Não tenciono dar-lhes mais munições. » Citado por W. Grimstad, *Antizion*, Noontide Press, Torrance, Califórnia, 1985, 29. Cícero era o advogado de defesa no julgamento de Flaccus, um funcionário romano que tinha interferido nas cargas de ouro que os judeus transferiam para o seu quartel-general internacional situado (então como agora) em Jerusalém. O próprio Cícero não era uma pessoa qualquer, e o facto de alguém da sua estatura ter de «falar suavemente» demonstra que se encontrava na presença de uma esfera de influência extremamente perigosa. Nesse caso, podemos questionar-nos sobre quem eram os verdadeiros perseguidores.

como combatê-la. «Ele compreendia a verdade profunda de que a moeda é um agente nacional, criado pela lei com um objetivo nacional, e que nenhuma congregação de homens deveria ser autorizada a retirá-la de circulação para causar pânicos, de modo a que os especuladores aumentassem as suas taxas de juro, ou pudessem comprar propriedades a preços reduzidos após tais períodos de crise.»[6]

Ele implementou as seguintes reformas sociais:

1) O reembolso dos empréstimos imobiliários foi feito com base na avaliação mais baixa conhecida antes da guerra civil. (-49 a -45 a.C.)
2) Foram concedidas várias amnistias relativas ao pagamento de rendas.
3) A um grande número de cidadãos pobres e de veteranos foram concedidas parcelas de terra.
4) Foi fornecida habitação gratuita a 80 000 famílias pobres.
5) O salário dos soldados foi aumentado de 123 para 225 *denários.*
6) O imposto sobre o milho foi regulamentado.
7) As comunidades provinciais foram emancipadas.
8) A confusão em torno do calendário foi resolvida, fixando a sua duração em $365^1/_4$ dias a partir de 1 de janeiro de 44 a.C.

As suas reformas monetárias foram as seguintes:

1) A dívida do Estado foi imediatamente reduzida em 25%.
2) O controlo da cunhagem da moeda foi transferido dos patrícios (usurários) para o governo.
3) Foram emitidas moedas de baixo valor como meio de

---

[6] T. E. Watson, *Sketches from Roman History,* The Barnes Review, Washington, DC, 2011 (publicado pela primeira vez em 1908), pp. 84-85.

troc.

4) Foi decretado que os juros não podiam exceder 1% ao mês.

5) Foi decretado que não se poderiam cobrar juros sobre outros juros e que os juros totais acumulados nunca poderiam exceder o montante do capital inicialmente emprestado. (a regra do *in duplum*)

6) A escravatura como meio de pagar dívidas foi abolida.

7) Os aristocratas viram-se obrigados a utilizar o seu capital em vez de o acumular.

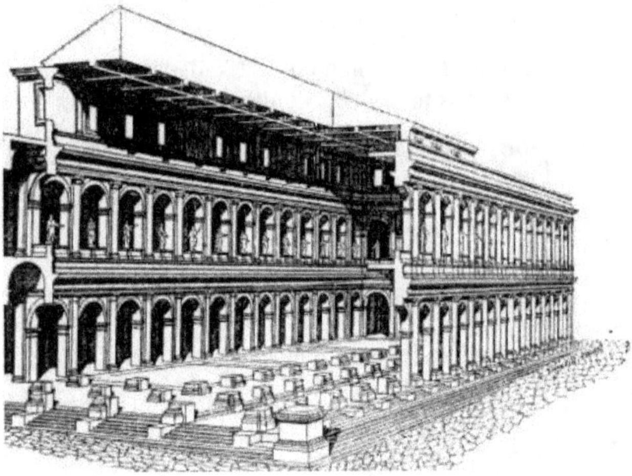

A Basílica Julia era o palácio de justiça romano no Fórum, dedicado a Júlio César em 46 a.C.

Estas medidas enfureceram os aristocratas e os plutocratas, cujo «ganha-pão» foi severamente restringido. Assim, conspiraram para assassinar César, o herói do povo. Naquela manhã fatal de 15 de março de 44 a.C., apenas quatro anos depois de ter sido investido de plenos poderes, ele entrou no edifício do Senado desarmado, tendo dispensado a guarda militar de que costumava cercar-se. Cercado por 60 conspiradores, foi apunhalado até à morte 23 vezes.

A IDADE DE OURO (27 A.C. A 476 D.C.)

Em 27 a.C., pouco depois da morte de César (e da sua deificação), os romanos adotaram o padrão-ouro; uma decisão que viria a ter repercussões na estabilidade financeira do império e a contribuir diretamente para a sua ruína. Anteriormente, na época da República Romana, as moedas de ouro só eram cunhadas em caso de estrita necessidade, como durante a Segunda Guerra Púnica ou a campanha de Sila. Havia poucas minas de ouro na Europa, exceto em locais remotos como o País de Gales, a Transilvânia e a Espanha. Assim, a maior parte do abastecimento só podia ser assegurada a partir do Oriente. Isso exigia um exército grande e dispendioso, que se via envolvido em conflitos constantes nas fronteiras do império.

A moeda de ouro era chamada de *aureus.* O *denário* de prata também estava em circulação, bem como várias moedas de cobre: o *sestércio,* o *dupondio* e *o as.*

A escassez de ouro ou de moeda-mercadoria provocava frequentemente períodos de deflação devido à falta de circulação dos meios de troca. Em 13 a.C., foi tomada a decisão de reduzir o peso do *denário* de ouro de 122 para 72 grãos. Isso permaneceu como norma até 310 d.C. No entanto, os metais continuavam a fluir para o Oriente como pagamento de mercadorias de luxo, contribuições religiosas e reembolsos usurários. Além disso, a degradação causada pelo uso intensivo levou à perda de um terço do total das moedas de metal em circulação ao longo de um período de 100 anos.

Como o ouro era tratado como uma mercadoria, a sua desvalorização não era tolerada. O Imperador Constantino (275 – 337 d.C.) decretou pessoalmente a pena de morte para a contrafação e a fogueira para os exploradores de minas que se tornassem culpados de falsificação. Os cambistas que não devolvessem um besante de ouro falsificado (*solidus)* eram imediatamente açoitados, escravizados e exilados. Estas medidas revelaram-se eficazes para o besante que pesava 70 grãos, ligeiramente mais pes e do que o besante ainda em circulação em 1025, que pesava 68 grãos.

Em 313, o cristianismo foi tolerado pelo Édito de Milão e, a partir de 380, foi estabelecido como religião oficial pelo imperador Teodósio I(347 – 395 d.C.). A partir dessa época, o poder monetário foi colocado sob a autoridade religiosa do *pontifex maximus*. Uma característica da era imperial foi a injustiça social e o esmagamento da classe média sob uma tributação excessiva. O empresário romano não era um comerciante, mas um saqueador das províncias, pois a pátria possuía uma base industrial fraca, incapaz de produzir os bens manufaturados necessários. À medida que a monetização da sociedade prosseguia, com os ricos a parasitar o povo, o plebeu tornou-se uma espécie de escravo. A abolição do sistema de júri foi sintomática do declínio do respeito e da importância atribuídos ao homem comum no seio da sociedade romana.

Moeda de ouro cunhada pelo Imperador Alexandre Severo, 222-235 d.C.

O PAPEL DA IGREJA NO DECLÍNIO E NA QUEDA

O imposto decretado pelo imperador Constantino, segundo o qual 1/10 de toda a renda deveria ser entregue à Igreja Cristã, acelerou a destruição do império. Por fim, a Igreja passou a deter entre um terço e metade de todas as terras e da riqueza combinada. Esta concentração de riqueza provocou uma escassez de moeda metálica. A moeda existia, mas não servia para a distribuição ou circulação de bens e serviços. Em vez de reciclar o produto do dízimo por meio de investimentos na comunidade ou de obras de caridade, como a construção de hospitais, escolas e bibliotecas, vastos depósitos de ouro concentravam-se por trás das grossas muralhas (30,5 metros) da cidade fortificada de Constantinopla e do Vaticano em Roma.

Durante os seus últimos anos, nos séculos V e VI, o Império Romano tinha-se tornado um organismo parasitário, sujeito a fases alternadas de inflação e deflação. A sua ruína económica precedeu a sua queda política. Já não havia produção industrial, quase toda a comida tinha de ser importada e a usura era praticada numa escala sem precedentes. As riquezas do império que não estavam nas mãos da Igreja eram controladas por 2000 famílias romanas. O resto da população vivia na pobreza.

AS CONSEQUÊNCIAS

A implosão da metade ocidental do império em 476, após repetidas incursões dos godos e dos vândalos, deu início a uma Idade das Trevas. Seguiu-se uma crise deflacionária que durou vários séculos. Segundo a Comissão da Prata dos Estados Unidos de 1876, o valor da moeda metálica do Império Romano no auge do seu poder ascendia a 1,8 mil milhões de dólares, mas no final da Idade das Trevas não passava de 200 milhões de dólares. A produção agrícola tinha sido reduzida ao mero nível de subsistência. Os navios desapareceram, pois já não havia intercâmbios. O comércio estagnou. As artes e as ciências foram perdidas e o domínio do cimento de construção desapareceu.

Os principais fatores do declínio do Império Romano foram a concentração da riqueza[7], a ausência de bacias mineiras para a

[7] «Quando o governo do antigo Egito entrou em colapso, 4 por cento da população possuía toda a riqueza. Quando a civilização babilónica entrou em colapso, 3 por cento da população possuía toda a riqueza. Quando a antiga Pérsia foi destruída, 2 por cento da população possuía toda a riqueza. Quando a Grécia Antiga caiu em ruínas, meio por cento da população possuía toda a riqueza. Quando o Império Romano desmoronou, duas mil pessoas possuíam toda a riqueza do mundo civilizado. Seguiu-se então a Idade das Trevas, da qual o mundo só saiu quando as riquezas deixaram de estar tão concentradas. Hoje,

produção industrial e a importação massiva de escravos não-brancos, levando à degradação genética da nação. Ao longo do século[IV], devido ao declínio da fertilidade das mulheres romanas, os escravos eram mais numerosos do que os cidadãos, numa proporção de cinco para um. A razão económica mais importante foi a indisponibilidade de uma moeda de troca acessível e a falsa noção de que a moeda devia ser considerada uma mercadoria.

Assim, de um ponto de vista económico, as lições da queda de Roma são que um sistema económico desonesto contribuirá inevitavelmente para as forças da dissolução. Nenhuma sociedade pode sobreviver a um sistema económico injusto. Para que uma sociedade possa funcionar e prosperar, é absolutamente fundamental que os meios de troca sejam emitidos sem dívida e sem juros pela autoridade legal do Estado, enquanto representante perpétuo do povo.

menos de um por cento da população controla 90 por cento da riqueza dos Estados Unidos.» - Citado por R. Maguire, em «Money Made Mysterious», revista *American Mercury*, Nova Iorque, 1958, 98. (*A American Mercury* foi fundada por H. L. Mencken em 1924.

CAPÍTULO II

AS ORIGENS SECRETAS DO BANCO DA INGLATERRA

... todos os grandes acontecimentos foram distorcidos, a maioria das causas importantes ocultadas... Se a história da Inglaterra for um dia escrita por alguém que tenha o conhecimento e a coragem necessários, o mundo ficará estupefacto.

– Benjamin Disraeli,
Primeiro-Ministro da
Grã-Bretanha.

A INGLATERRA ANTIGA

O rei Offa reinou sobre o Reino de Mércia[8], que era delimitado a norte pelos rios Trent e Mersey, pelo vale do Tamisa a sul, pelo País de Gales a oeste, pela Estância e pelo Essex a leste, de 757 a 791 d.C. Fazia parte dos sete reinos autónomos da Heptarquia Anglo-Saxónica.

Offa era um administrador perspicaz e competente, bem como um governante magnânimo. Estabeleceu na Inglaterra o primeiro sistema monetário. Devido à escassez de ouro, utilizou a prata para cunhar moeda e como meio de acumular riqueza. A unidade de troca padrão era a libra (pound) de prata, dividida em 240 pennies. Os pennies eram cunhados com uma estrela (do inglês antigo *stearra*), da qual deriva o termo «sterling». Em 787, o rei Offa introduziu uma lei que proibia a usura, ou seja, a cobrança de juros sobre o dinheiro emprestado, um conceito que remontava à época pagã. As leis contra a usura foram reforçadas pelo rei Alfredo (865-899), que decretou que os bens dos usurários fossem confiscados, enquanto em 1050 Eduardo, o Confessor (1042-1066),

[8] Latinização de Mierce.

decretou não só a confiscação de seus bens, mas também a ilegalização dos usurários e seu banimento vitalício.

PRIMEIRA MIGRAÇÃO E EXPULSÃO DOS JUDEUS

Os judeus chegaram à Inglaterra em 1066, na véspera da vitória de Guilherme, o Conquistador, sobre o rei Harold II em Hastings, a 14 de outubro. Estes judeus provinham de Rouen, a 120 quilómetros das falésias da Normandia, onde Guilherme, o Conquistador, tinha nascido ilegitimamente, como Guilherme, o Bastardo. Embora os arquivos históricos não indiquem que eles tenham promovido a ideia de uma invasão militar da Inglaterra, esses judeus pelo menos a financiaram. Por esse apoio, foram ricamente recompensados, sendo autorizados a praticar a usura sob proteção real.[9]

As consequências para o povo inglês foram desastrosas. Ao cobrar uma taxa de juro de 33% ao ano sobre as terras hipotecadas pelos nobres e 300% ao ano sobre os bens comerciais ou imobiliários dos trabalhadores, no espaço de duas gerações, um quarto de todas as terras inglesas estava nas mãos dos agiotas judeus. À sua morte, em 1186, Aaron de Lincoln foi declarado o homem mais rico de Inglaterra e estimou-se que a sua fortuna excedesse a do rei Henrique II.[10] Por outro lado, os imigrantes judeus dedicavam-se a minar a ética das guildas e exasperavam os comerciantes ingleses ao venderem uma grande variedade de bens sob o mesmo teto. Desempenhavam também um papel proeminente no corte de moedas de prata e na sua refundição em lingotes, a fim de revestir as moedas de estanho.

O Dr. William Cunningham, o famoso economista, compara «a atividade dos judeus na Inglaterra desde o século XI a uma esponja que absorve toda a riqueza da terra e, assim, entrava todo o desenvolvimento económico. É interessante notar também que, mesmo naquela época remota, o governo fez tudo

---

[9] S. M. Goodson, In praise of Medieval England, *Spearhead*, julho de 2005.

[10] R. Chazan, *The Jews of Medieval Western Christendom 1000-1500*, Cambridge University Press, Nova Iorque, 2006, p. 159.

o que estava ao seu alcance para incentivar os judeus a dedicarem-se a um comércio honesto e, assim, a assimilarem-se com o resto da população, mas tudo isso sem o menor resultado positivo.»[11]

No início do século XIII, muitos nobres corriam o risco de perder as suas terras devido à usura e aos impostos. Em 1207, foi cobrada uma quantia enorme de 60 000 libras em impostos à população cristã. Os judeus também pagavam impostos, mas a uma taxa reduzida e sobre um património e rendimentos largamente subestimados.[12] Os nobres que contraíam empréstimos junto de agiotas judeus, bem como junto do rei e dos seus agentes, tinham de registar a sua hipoteca nos Registos do Tesouro. Assim que um nobre se encontrava em dificuldades financeiras, o rei comprava a dívida ao credor e apropriava-se das terras para si próprio. O rei João (1199-1216) era «completamente irresponsável» na prática desta política desonesta e depravada e, além disso, era «depravado, incompetente e totalmente sob o domínio dos seus judeus».[13]

O rei João de Inglaterra assina a Magna Carta (Grande Carta) em Runnymede, em 1215.

Em 1215, os nobres revoltaram-se e obrigaram o rei João a assinar a Carta Magna (Magna Carta) a 15 de junho de 1215.

---

[11] W. Cunningham, *The Growth of English Industry and Commerce during the Early and Middle Ages*, Cambridge University Press, 3.ª edição, 1896, p. 201.
[12] Origem da Carta Magna, *The Occidental Observer*, 19 de maio de 2013.
[13] Ibid.

Este documento contém 61 cláusulas relacionadas com o estabelecimento de vários direitos constitucionais e legais, mas o seu objetivo principal era anular o jugo exercido pelos credores judeus e abolir a usura e a posição privilegiada dos judeus. A 19 de outubro de 1216, o rei João faleceu e o seu filho de nove anos, Henrique III, sucedeu-lhe, tendo este reinado de 1219 a 1272. O seu reinado decorreu sob melhores auspícios do que o do seu pai e 19 das cláusulas relativas aos judeus foram revogadas no ano seguinte. No entanto, o seu herdeiro, Eduardo Ier (1272-1307) percebeu logo que os judeus não tinham lugar na sociedade inglesa[14] e que, se não tomasse medidas, correria o risco de perder o trono. Em 1233 e em 1275, foram promulgados os Estatutos da Judeia, que aboliram toda a forma de usura. Como muitos desses judeus já não podiam «ganhar a vida», foi emitido um decreto pelo rei Eduardo, em 18 de julho de 1290, obrigando toda a população judaica, que ascendia a 16 511 habitantes, a abandonar a Inglaterra para sempre.[15] Uma expulsão entre mais de cem que ocorreram ao longo da história europeia. O anúncio foi

[14] O assassinato ritual de rapazes cristãos pré-adolescentes foi o ponto crítico que provocou a expulsão dos judeus. Durante a Páscoa judaica, um rapaz era capturado e depois sangrado até à morte. O seu sangue era então misturado com massa sem fermento, cozido e posteriormente consumido como bolachas rabínicas. O primeiro caso conhecido ocorreu em 1144 e o mais famoso de todos foi o de Little St Hugh, em Lincoln, em 1255. O rei Henrique III ordenou pessoalmente a realização de um inquérito judicial, que incluiu um exame médico-legal pelos juízes. 91 judeus foram detidos pela sua participação neste assassinato atroz, durante o qual a vítima foi torturada, crucificada, sangrada até à morte e atirada para um poço. Os detalhes do julgamento encontram-se registados nos Close Rolls of the Realm e nos Patent Rolls dos Arquivos Nacionais sobre Henrique III em Kew, Richmond, em Surrey, TW9 4DU. Geoffrey Chaucer escreveu um poema comemorando o assassinato de Little Hugh no Conto da Abadessa, que faz parte dos *Contos de Canterbury*. Os irmãos Grimm escreveram *«Der Judenstein»* (A Pedra dos Judeus) sobre o assassinato ritual da criança de três anos Andreas (Anderl) Oxner em Rinn, na Áustria, em 1492. Em *In My Irrelevant Defence: Meditations Inside Gaol and Out on Jewish Ritual Murder*, The I.F.L. Printing and Publishing Co., Londres, 1938, p. 57, Arnold Leese explica que estes assassinatos rituais ainda eram praticados no século^XX. Em fevereiro de 2007, o professor israelita Ariel Toaff, filho de Elio Toaff, antigo Grande Rabino de Roma, escreveu *Pasque di sangue: Ebrei d'Europa e omicidi rituali* (*Páscoa de Sangue: Os Judeus da Europa e os seus Assassinatos Rituais*), no qual confirma a frequência de assassinatos rituais na Itália medieval. Para uma análise dos seus trabalhos, ver *The Bloody Passovers of Dr Toaff*, por Israel Shamir www.israelshamir.net/English/Eng11.htm

[15] D. Astle, *The Tallies, A Tangled Tale and The Beginning and the Ending*, autoeditado em Toronto, 1997, pp. 40 e 43. Astle explica que alguns desses judeus se estabeleceram na Suíça e fundaram os três cantões originais de Uri, Schwyz e Ob – e Nidwalden um ano mais tarde.

recebido com grande alegria em todo o país. Ao contrário da prática moderna de limpeza étnica, os judeus, após terem pago um imposto equivalente a 1/15 do valor dos seus bens e 1/10 dos seus fundos líquidos, foram autorizados a partir levando consigo todos os seus bens. Qualquer judeu que permanecesse no reino após 1 denovembro de 1290 (dia de Todos os Santos) corria o risco de ser executado.

A Gloriosa Idade Média

Com a proibição dos agiotas e a abolição da usura,[16] os impostos voltaram a um nível moderado e deixou de existir dívida pública, uma vez que o «Bâton de comptage» sem juros[17] era utilizado para as despesas do governo. Este antigo instrumento financeiro, conhecido pelos sarracenos e provavelmente também pelos chineses, deriva do termo latino *«tallia»*, que significa «bastão». Um bastão de contagem era feito a partir de ramos de aveleira, salgueiro ou buxo, porque estas madeiras eram fáceis de partir. Tinham geralmente oito polegadas (20,3 cm) de comprimento (a distância entre o indicador e o polegar) e meia polegada (1,3 cm) de largura, embora pudessem atingir até oito pés de comprimento (2,44 m). Os valores eram indicados pelo tamanho dos cortes feitos na madeira. 1.000 libras eram marcadas com um corte da largura de uma palma da mão, 100 libras com a largura do dedo mindinho, 1 libra com a largura de um grão de cevada inchado; os xelins eram marcados com cortes ainda menores e os pence indicados por incisões. O beneficiário era registado nas faces planas. Quando todos os detalhes fossem indicados na vara, esta era dividida bem perto da parte inferior, de modo que uma parte conservasse um nó ou uma marca na qual se pudesse fazer um furo. Esta parte era conhecida como a contra-vara ou o recibo e era guardada numa haste no Échiquier (a Câmara dos Contas). A parte plana (sem o toco) era entregue ao beneficiário. Como nenhuma peça de madeira é idêntica, era

[16] Em 1364, Eduardo III autorizou a City of London a emitir uma *Ordinatio contro Usurarios* e outra lei foi promulgada em 1390.
[17] D. Astle, op. cit., pp. 12-17.

impossível falsificar um bastão de contagem. Estes instrumentos de pagamento foram introduzidos pela primeira vez durante o reinado do rei Henrique II (1100-1135) e permaneceram em circulação até 1783.[18] Foi, no entanto, durante o período de 1290 a 1485 que as varas atingiram o seu apogeu, constituindo os principais meios de financiamento do Estado. As varas eram utilizadas não só para pagar os funcionários do Estado, mas também para financiar as principais infraestruturas, tais como a construção da muralha da cidade de Londres, os edifícios públicos e os portos. O montante exato de bastões em circulação não é conhecido, mas ainda em 1694, o valor de 17 milhões de libras estava em circulação. Tratava-se de uma soma prodigiosa, pois o orçamento anual do rei raramente ultrapassava 2,5 milhões de libras e um lavrador ganhava um penny por dia.

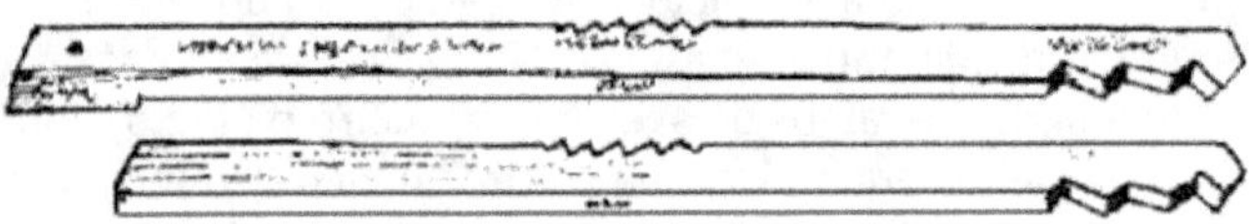

Os bastões contabilísticos medievais do século XV

Com uma taxa de tributação razoável,[19] sem dívida pública e sem juros a pagar, a Inglaterra viveu um período incomparável de crescimento e prosperidade. O camponês médio trabalhava apenas 14 semanas por ano e desfrutava de 160 a 180 dias de férias. Segundo Lord Leverhulme,[20] um escritor da época: «Os homens do século XVséculo eram muito bem pagos», de facto tão bem pagos que o poder de compra garantido pelos seus

[18] Num ato de suprema ironia, em 16 de outubro de 1834, pilhas de varas de contagem partidas foram utilizadas para aquecer a Câmara dos Comuns. O incêndio que se seguiu foi tão violento que se tornou incontrolável e devastou todo o complexo, com exceção do Westminster Hall e do St Stephen's Cloister (o claustro de São Estêvão). Durante a reconstrução da Câmara dos Comuns, o mosaico no chão da entrada foi desenhado na forma de uma gigantesca Estrela de David (provavelmente sob a influência de Rothschild).

[19] G. M. Trevelyan, na sua *obra English Social History, A Survey of Six Centuries Chaucer to Queen Victoria*, Longmans Green and Co., Londres, 1948, escreve que a Inglaterra: «era uma região onde as pessoas não sofriam com os impostos», p. 63, e que: «a recusa obstinada de pagar impostos era uma característica dos ingleses nessa época», p. 107.

[20] R. K. Hoskins, *War Cycles – Peace Cycles*, The Virginian Publishing Company, Lynchburg, Virgínia, 1985, p. 54.

salários e o seu nível de vida só viriam a ser ultrapassados no século XIX. Um agricultor podia prover ao bem-estar e a todas as necessidades da sua família. Os camponeses vestiam-se bem com roupas de lã e dispunham de carne e pão em abundância.

Como os camponeses só tinham de trabalhar 14 semanas por ano, muitos deles dedicavam o seu tempo livre à construção das magníficas catedrais de Inglaterra. A Catedral de York foi concluída em 1472 e possui a maior superfície de vitrais do mundo.

Houston Stewart Chamberlain, o filósofo anglo-alemão, confirma estas condições de vida na sua obra *Foundations of the XIXthCentury:*

> «No século XIII, quando as raças teutónicas começaram a construir o seu novo mundo, os camponeses de toda a Europa eram homens livres, com uma existência muito mais segura do que a de hoje; o *copyhold*[21] era a regra, pelo que a Inglaterra, por exemplo — hoje um lugar de feudalismo que beneficia os proprietários de terras — era, ainda no século XV, um país inteiramente nas mãos de milhares de agricultores, que não eram apenas os proprietários legais das suas terras, mas possuíam, além

[21] O *copyhold* era uma forma de direito fundiário senhorial próprio da Inglaterra que provinha do sistema de servidão.

> disso, direitos equivalentes sobre as pastagens e as florestas.»[22]

Durante o seu tempo livre, muitos artesãos exerciam voluntariamente os seus talentos na construção de algumas das mais magníficas catedrais de Inglaterra, o que reforça um dos princípios básicos da civilização ocidental, segundo o qual, sem tempo livre, o florescimento da cultura é impossível. George Macauley Trevelyan, o historiador inglês, descreve estas realizações da seguinte forma:

> «A tradição contínua, mas em constante evolução, da arquitetura eclesiástica prosseguia de forma majestosa, enchendo a Inglaterra de construções maravilhosas que nunca foram igualadas nem pelos antigos nem pelos modernos… Nas novas igrejas, a luz já não se infiltrava, mas inundava agora os locais através dos vitrais, cujo segredo de fabrico está hoje ainda mais completamente perdido do que a magia desta arquitetura.»[23]

Embora o rei Henrique VIII (1509-1547) tenha flexibilizado as leis relativas à usura em 1509, estas foram posteriormente revogadas pelo seu filho, o rei Eduardo VI (1547-1553), através de uma lei de 1552 cujo preâmbulo estipulava que «a usura é, segundo a palavra de Deus, totalmente proibida, como um vício dos mais odiosos e detestáveis…»

[22] H. S. Chamberlain, *The Foundations of the Nineteenth Century*, The Bodley Head, Londres, 1912, Vol. II, p. 354-355.
[23] G. M. Trevelyan, op. cit., p. 51.

FIM DE UMA IDADE DE OURO

Merrie England (a Inglaterra feliz) no século XV – Celebrando o 1 [de]maio dançando em torno do mastro.

Ao longo do século[XVII,]esta era dourada teve um fim trágico. Um grande número de judeus, que tinham sido expulsos de Espanha em 1492 por Isabel [I]de Castela e Fernando II de Aragão[24] devido à sua prática repetida de usura e de práticas comerciais desleais, tinham encontrado refúgio na Holanda. Embora os holandeses fossem, nessa época, uma importante potência marítima, os agiotas judeus sediados em Amesterdão desejavam regressar à Inglaterra, onde as suas perspetivas de expandir as operações do seu império de empréstimos eram muito mais promissoras.

Sob o reinado da Rainha Isabel [I](1558-1603), um pequeno número de judeus marranos espanhóis, que se tinham convertido a uma forma hipócrita de cristianismo, estabeleceram-se em Londres. Muitos deles exerciam a

[24] O decreto da Alhambra, também conhecido como o Édito de Expulsão.

profissão de ourives, aceitando guardar depósitos de ouro e, posteriormente, emitindo o valor dez vezes superior ao ouro guardado sob a forma de bilhetes ao portador, ou seja, empréstimos com juros. Esses recibos, o antepassado do sistema bancário fraudulento de reservas fracionárias, foram inicialmente emprestados à Coroa ou ao Tesouro a 8% de juros anuais, mas, segundo Samuel Pepys,[25] o cronista e Secretário da Marinha, as taxas de juro aumentavam até 20% e até 30% ao ano.[26] As taxas de juro que os comerciantes pagavam ultrapassavam frequentemente os 33% ao ano, mesmo que a taxa legal fosse de apenas 6% ao ano.[27] Os trabalhadores e os pobres suportavam o fardo destas taxas de juro exorbitantes, tendo de pagar 60%, 70% ou mesmo 80% ao ano.[28] Segundo Michael Godfrey, autor do panfleto intitulado *A Short Account of the Bank of England*, perderam-se entre dois a três milhões de libras devido às falências dos ourives e ao desaparecimento dos seus funcionários escreventes.[29]

CROMWELL E A GUERRA CIVIL INGLESA

Em 1534, através da Lei da Supremacia, a Igreja Anglicana foi estabelecida como religião oficial da Inglaterra pelo rei Henrique VIII. Ao longo dos séculos XVI e XVII, as crenças puritanas, baseadas nos ensinamentos de John Wycliffe e João Calvino[30], ganharam um número crescente de adeptos. Os puritanos consideravam a Bíblia como a verdadeira lei de Deus e insistiam na leitura da Bíblia, na oração e na pregação, bem

[25] A. M. Andreades, *History of the Bank of England*, P. S. King & Son Ltd, Londres, 1935, p. 35. Pepys descreve estas taxas de juro exorbitantes como uma «vergonha das mais horríveis».

[26] Ibid., p. 24. O autor também se baseou na obra de Isaac Disraeli, *Usurers of the Seventeenth Century*.
www.gutenberg.org/ebooks/16350?msg=welcome_stranger

[27] Ibid., p. 24.

[28] Ibid., p. 47.

[29] Ibid., 24-25.

[30] A. H. M. Ramsay, *The Nameless War*, Britons Publishing Co., Londres, 1952, p. 11, recentemente reeditado pela Omnia Veritas Ltd. Calvino era originário de França, onde o seu nome se escrevia Cauin, uma variante de Cohen. Durante uma reunião da B'nai B'rith em Paris, relatada na *La Gazette Catholique* de fevereiro de 1936, foi anunciado que ele era de origem judaica.

como na simplificação do ritual dos sacramentos.

O rei Estuardo Carlos I(1625-1649), que desejava manter a preeminência da Igreja Anglicana, viu-se envolvido num intenso conflito contra os puritanos, que faziam grandes progressos no proselitismo junto da população. Após o assassinato do amigo de confiança e conselheiro de Carlos, o Duque de Buckingham, em 1628, ele ficou cada vez mais isolado.

A crescente divisão religiosa proporcionava uma oportunidade perfeita a ser explorada pelos conspiradores judeus. Como escreveu Israel Disraeli, pai do primeiro-ministro Benjamin Disraeli, na sua obra *The Life and Reign of Charles I*: «A nação foi astutamente dividida em "sabatistas", de um lado, e violadores do sábado, do outro.[31]

Em 1640, um dos líderes da comunidade judaica clandestina, Fernandez Carvajal, um comerciante e espião, também conhecido como o «Grande Judeu», organizou uma milícia armada com cerca de 10 000 membros, que foi utilizada para intimidar a população de Londres e semear a confusão. Foram também distribuídos um grande número de panfletos e brochuras.[32]

Seguiu-se a guerra civil entre os monarquistas (anglicanos) e os Cabeças-Redondas (puritanos), que durou de 1642 a 1648. Os Cabeças-Redondas, com o seu «exército de última geração», saíram vitoriosos e causaram, segundo as estimativas, 190 000 vítimas entre a população, ou seja, 3,8%. O líder dos Cabeças Redondas era Oliver Cromwell (1599-1658), cujo «exército de última geração» não só foi equipado e treinado pelo empresário e agitador profissional Fernández Carvajal, como também financiado pelos agiotas judeus de Amesterdão. O líder dos judeus holandeses, Manasseh Ben Israel,[33], enviou súplicas implorativas a Cromwell, pedindo-lhe que autorizasse os judeus a regressar a Inglaterra em troca dos favores financeiros que lhe tinha tão generosamente

[31] Ibid., p. 11.
[32] Ibid., p. 12-13.
[33] Ibid., p. 13.

concedido.[34]

Um panfleto datado de 1650 retratando **Oliver Cromwell** como monarca da Inglaterra.

O REGICÍDIO DO REI CARLOS I

A perfídia a que Cromwell se entregou é revelada pela sua correspondência com a Sinagoga de Mulheim, na Alemanha.

> A 16 de junho de 1647,
>
> De Olivier Cromwell a Ebenezer Pratt
>
> «Em troca de apoio financeiro, autorizarei a readmissão dos judeus na Inglaterra: isso é, no entanto, impossível enquanto Carlos ainda estiver vivo. Carlos não pode ser executado sem um julgamento, cujos motivos de acusação não existem neste momento. Sugiro, portanto, que Carlos seja assassinado, mas não quero ter nada a ver com os preparativos para arranjar um assassino, embora

[34] A. M. Andreades, op. cit., p. 30.

esteja disposto a ajudá-lo na sua fuga.»

Eis a resposta a esta carta:

A 12 de julho de 1647,

A Oliver Cromwell, da parte de Ebenezer Pratt

«Concederá ajuda financeira assim que Carlos for destronado e os judeus readmitidos. O assassinato é demasiado perigoso. Temos de permitir que Carlos fuja: a sua captura tornará possível o julgamento e a execução. O nosso apoio será importante, mas não há necessidade de discutir os termos antes do início do julgamento.»[35]

O rei Carlos estava detido na Holmby House, em Northamptonshire. A 4 de junho de 1647, 500 revolucionários capturaram-no, permitindo-lhe depois fugir para a Ilha de Wight, onde foi posteriormente detido. A 5 de dezembro de 1648, a Câmara dos Comuns decidiu que «as concessões feitas pelo rei eram satisfatórias e podiam conduzir a um acordo.»[36]

[35] A. H. M. Ramsay, op. cit., p. 14-15. Segundo uma carta publicada no *Plain English* a 3 de setembro de 1921: «Os Sábios de Sião existem há muito mais tempo do que se pensa. O meu amigo, o Sr. L. D. Van Valckert, de Amesterdão, enviou-me recentemente uma carta contendo dois excertos encontrados na Sinagoga de Mulheim. O volume que os contém perdeu-se durante as Guerras Napoleónicas e passou recentemente para a posse do Sr. Van Valckert. Estão escritos em alemão e contêm citações de correspondência recebida pelas autoridades da Sinagoga de Mulheim.»

[36] Ibid., p. 16.

A execução do rei Carlos I numa gravura da época

Cromwell empreendeu então uma purga da Câmara dos Comuns com a assistência do Coronel Pryde, até que restasse apenas um parlamento «residual» constituído por 50 membros, que votaram então passivamente o julgamento do rei. Nem um único jurista inglês quis redigir uma acusação contra o rei. Este acabou por ser redigido por um judeu holandês, Isaac Dorislaus. O rei foi forçado a participar no julgamento amarrado que teve lugar no Supremo Tribunal de Justiça, cujos dois terços dos membros eram Niveladores[37], pertencentes ao exército. Carlos recusou-se a defender-se, mas foi declarado culpado e executado a 29 de janeiro de 1649. À medida que o cortejo se aproximava do cadafalso, uma grande parte da multidão gritava «God Save the King!» («Que Deus salve o Rei!»). Após a execução, um clamor de angústia espalhou-se por todo o povo.

A SEGUNDA IMIGRAÇÃO JUDAICA

De 7 a 18 de dezembro de 1655, Cromwell, que se autodenominava (Senhor Protetor), realizou uma conferência em Whitehall, Londres, com o objetivo de obter aprovação para uma nova imigração em grande escala de judeus. Apesar de a conferência estar repleta de partidários de Cromwell, o consenso esmagador entre os delegados, constituídos na sua maioria por clérigos, juristas e comerciantes, foi que os judeus não deveriam ser autorizados a regressar a Inglaterra.[38] Em outubro de 1656, os primeiros judeus foram clandestinamente autorizados a desembarcar livremente na Inglaterra, apesar dos protestos formulados pela subcomissão do Conselho de Estado, que declarou que esses judeus «constituíam uma grave ameaça ao Estado e à religião cristã». »[39] «Todos os comerciantes, sem exceção, opuseram-se à readmissão dos judeus. Declararam que os imigrantes seriam nefastos para o

[37] Uma aliança informal de agitadores e panfletários, que foram os precursores dos jacobinos e dos bolcheviques.

[38] H. S. A. Henriques, Os Judeus e a Lei Inglesa IV, *The Jewish Quarterly Review*, Vol. 14, N.º 4, julho de 1902, p. 653-697.

[39] A. H. M. Ramsay, op. cit., p. 16-17.

país e que a sua admissão enriqueceria os estrangeiros à custa dos ingleses.»[40]

Cromwell morreu a 3 de setembro de 1658 e foi sucedido pelo seu filho, Richard, que reinou durante nove meses. O filho de Carlos I, Carlos II (1660-1685), reassumiu o trono do seu pai assassinado. Embora tenha sido o último monarca inglês a cunhar moeda (sob a forma de notas de banco), cometeu dois erros políticos fatais. A 1 de agosto de 1663, promulgou a lei eufemisticamente intitulada: Lei para o Incentivo ao Comércio, que autorizava «a exportação de todas as moedas e lingotes de ouro e prata para o estrangeiro, livre de qualquer restrição e regulamentação de qualquer tipo. »[41] Durante o debate sobre o projeto de lei, o Conde de Anglesey observou com perspicácia «que era perigoso para a paz do reino que este ficasse à mercê de um punhado de super-ricos descontentes e sediciosos, capazes de formar um banco (um órgão de acumulação) a partir da nossa própria moeda e das nossas reservas de ouro, além-mar, deixando-nos sem liquidez quando já não estiver (mais) ao alcance do rei impedi-los de o fazer».[42]

[40] A. M. Hyamson, *A History of the Jews in England,* Methuen, 1928, tal como citado por A. N. Field, *All These Things*, Omni Publications, Hawthorne, Califórnia, 1936, p. 215.
[41] D. Astle, op. cit., p. 44.
[42] A. Del Mar, *The History of Money in America from the Earliest Times to the Establishment of the Constitution*, Omni Publications, Hawthorne, Califórnia, 1966, (publicado pela primeira vez em 1899), p. 66.

TO THE

Parliament, The Supream Court of

ENGLAND,

And to the Right Honourable the Councell of State, Menaſſeh Ben Iſrael, *prayes God to give Health, and all Happineſſe:*

IT is not one cauſe alone (moſt renowned Fathers) which uſeth to move thoſe, who deſire by their Meditations to benefit Mankind, and to make them come forth in publique, to dedicate their Books to great Men; for ſome, and thoſe the moſt, are incited by Covetouſneſſe, that they may get money by ſo doing, or ſome peece of Plate of gold, or Silver; ſometimes alſo that they may obtaine their Votes, and ſuffrages to get ſome place for themſelves, or their friends. But ſome are moved thereto by meere and pure friendſhip, that ſo they may publickly teſtifie that love and affection, which they bear them, whoſe names they prefixe to their Books; let the one, and the other, pleaſe themſelves, according as they delight in the reaſon of the Dedication, whether it be good or bad; for my part, I beſt like them, who do it upon this ground, that they may not commend themſelves, or theirs, but what is for publick good.

As for me (moſt renowned Fathers) in my dedicating

A 2 this

(3)

Panfleto publicado por Menasseh ben Israel para promover a readmissão dos judeus na Inglaterra.

Três anos mais tarde, através de uma lei para o Incentivo à Cunhagem de Moeda, permitiu que particulares, ou seja, banqueiros e ourives, cunhassem as moedas do reino na Royal Mint (a Casa da Moeda Real) e adquirissem assim o privilégio considerável do direito de seigneuriage (a diferença entre o valor facial das moedas e o seu custo de produção) como rendimento para seu exclusivo benefício. Além disso, isso permitiu-lhes aumentar ou diminuir à sua vontade a massa monetária em circulação e, assim, aumentar ou baixar os preços à vontade, em grande detrimento do resto da população.

O reinado do seu irmão, Jaime II (1685-1688), durou apenas três anos. Ele foi vítima de panfletos e de uma propaganda sem escrúpulos que emanava principalmente da Holanda. Uma expedição militar empreendida pelo Príncipe Guilherme de Orange acabou por destroná-lo de vez. Embora o exército de Jaime fosse superior em número, ele foi dissuadido de atacar depois de John Churchill, o primeiro Duque de Marlborough, o ter abandonado repentinamente. Segundo a *Jewish Encyclopedia*, Churchill recebeu posteriormente uma renda anual de 6.000 libras do judeu holandês Salomão de Medina como recompensa pela sua traição.[43] Esta avultada soma, «o preço do sangue», permitiu a Churchill iniciar a construção do palácio de Blenheim, que foi concluído após a sua morte em 1722.

A campanha militar de Guilherme de Orange, tal como a do outro Guilherme, o Conquistador, em 1066, foi financiada por banqueiros judeus. Em troca do seu apoio, Guilherme III (1689-1702) cedeu a prerrogativa real de emitir a moeda da Inglaterra, isenta de qualquer dívida e juros, a um consórcio conhecido como Governador e Companhia do Banco de Inglaterra. A. N. Field, na sua obra *All these Things*, resume os acontecimentos dessa época da seguinte forma:

> «Trinta e três anos depois de Cromwell ter permitido que os judeus regressassem à Inglaterra, um príncipe holandês desembarcou de Amesterdão rodeado por um enxame de judeus provenientes desse centro financeiro. Expulsando o seu cunhado [Jaime II] do reino, ele consentiu graciosamente em sentar-se no trono da Inglaterra. O resultado natural que se seguiu a este acontecimento foi a inauguração da Dívida Nacional, através da criação, seis anos mais tarde, do Banco de Inglaterra, cuja utilidade era emprestar dinheiro à Coroa a. A Inglaterra vivia à sua maneira antes de os judeus chegarem. O agiota passou então a ocupar o seu lugar, e a situação em que a nação se encontra hoje não pode ser melhor descrita do que nos termos de Shakespeare,

[43] A. H. M. Ramsay, op. cit., p. 18.

quando colocou, com uma visão profética, estas palavras na boca do moribundo João de Gante:

Esta pátria de tantas almas queridas, esta querida,
querida pátria, Amada pela sua glória no mundo,
Está agora arrendada, morro ao declará-lo,
Como um feudo ou uma fazenda miserável
Esta Inglaterra, banhada por um mar triunfante,
Cujo litoral rochoso repele o assalto invejoso
Do húmido Neptuno, está agora condenada à
ignomínia
Pelas manchas de tinta e pelos pergaminhos podres!
Esta Inglaterra, que costumava subjugar os outros,
consumou vergonhosamente a sua própria servidão!
- Ricardo II, Ato II, Cena I

«A história da segunda instalação dos judeus na Inglaterra não passa de uma longa série de obrigações redigidas em pergaminhos, acorrentando a nação pela dívida. Cada etapa da ascensão dos judeus nos assuntos da nação foi marcada pelo aumento e pela multiplicação da dívida.»[44]

A CRIAÇÃO DO BANCO DE INGLATERRA

A necessidade de estabelecer um banco central privado foi defendida por um pirata aposentado, o «[45] » William Paterson, quando redigiu um panfleto em 1693, intitulado *A Brief Account of the Intended Bank of England.*[46] Mais tarde, gabar-se-ia do facto de que este Banco «arrecada os lucros dos juros sobre o dinheiro que cria a partir do nada»[47] Na quinta-feira, 21 de junho de 1694, foi aberta uma lista de subscrição para o Banco, que contava com um capital inicial de 1 200 000 libras. Na segunda-feira seguinte, esse montante estava totalmente

[44] A. N. Field, op. cit., p. 218.
[45] A. M. Andreades, op. cit., p. 60. Nessa época, a profissão de pirata não era considerada desonrosa.
[46] Ibid., p. 66.
[47] W. G. Simpson, *Which Way Western Man?*, Yeoman Press, Cooperstown, Nova Iorque, 1978, p. 621.

subscrito.

O objetivo evidente do banco era emprestar ao rei Guilherme quantias ilimitadas de dinheiro a 8% ao ano, para lhe permitir prosseguir a guerra, e em particular o conflito que o opunha a Luís XIV de França, cujo país ainda não se encontrava sob o sistema usurário.[48] O banco recebia assim os juros pagos pela Coroa, no valor de 100 000 libras por ano, sendo que as 4000 libras adicionais constituíam as despesas de administração. O Banco adquiriu igualmente o direito de emitir 1 200 000 libras em notas bancárias sem qualquer cobertura em ouro.

Antes do seu registo, os estatutos do Banco foram cuidadosamente analisados pelo jurista Levinz, de modo a que estivessem em plena conformidade com o seu objetivo oculto, ou seja, sangrar o povo inglês perpetuamente, autorizando a criação da moeda nacional a partir do nada e cobrando juros. Toda essa moeda falsa deveria ser reembolsada com juros compostos. Levinz era um judeu de Amesterdão que exercia a profissão de advogado.[49]

Houve uma forte oposição à criação do Banco. Esta provinha principalmente dos ourives e dos agiotas, que compreenderam que ela poria fim ao seu esquema de usura bancária sob a forma de reservas fracionárias baseadas nos recibos de ouro que emitiam. Os proprietários de terras e a nobreza provincial temiam um aumento das taxas de juro, uma vez que o Banco controlaria a massa monetária da nação. Foram feitas alegações de que o banco favoreceria certos comerciantes, concedendo-lhes taxas de juro preferenciais. O maior receio era que «o Banco se tornasse demasiado poderoso e fosse assim a pedra angular do comércio mundial.»[50] Infelizmente, foi exatamente isso que aconteceu, pois o Banco de Inglaterra serviu de modelo para todos os outros bancos centrais que se seguiram.

---

[48] F. J. Irsigler, *On the Seventh Day They Created Inflation*, Wynberg, Cidade do Cabo, África do Sul, 1980, p. 5.
[49] J. E. T. Rogers, *The First Nine Years of The Bank of England*, Clarendon Press, Oxford, 1887, p. 4.
[50] A. M. Andreades, op. cit., p. 69.

A criação do **Banco da Inglaterra** foi sancionada por uma lei aprovada no Parlamento, descrita como «Uma lei para garantir a Suas Majestades várias tarifas e direitos sobre a tonelagem de navios e embarcações...»

Naquela época, a Câmara dos Comuns era composta por 514 membros, distribuídos por 243 conservadores, 241 liberais e 28 membros cuja filiação era desconhecida.[51] Cerca de dois terços dos membros eram cavalheiros provinciais e sabe-se que 20% deles eram analfabetos. A lei foi debatida em julho de 1694, no auge do verão, quando os representantes rurais estavam ocupados com as colheitas.[52] Naquele fatídico dia de sexta-feira, 27 de julho de 1694, quando a Carta de Incorporação foi aprovada, apenas 42 membros estavam presentes, todos Whigs — pois os Tories opunham-se —, que votaram todos a favor d a lei. (Isto levanta a questão de o que constituía um quórum naquela época.)

O título da lei não fazia qualquer menção ao proposto Banco de Inglaterra, que era descrito — ou melhor, diríamos, ocultado — em dois terços por meio de uma verborreia incompreensível — isto é, para o leigo.

[51] Gabinete de Informação da Câmara dos Comuns, Londres.

[52] Uma legislação semelhante foi aprovada para a Reserva Federal americana, detida por acionistas privados, em 23 de dezembro de 1913, quando apenas um pequeno número de membros permanecia presente, tendo a maioria regressado a casa para celebrar o Natal. H. S. Kenan, *The Federal Reserve Bank*, The Noontide Press, Los Angeles, 1966, p. 19-20.

A frase de abertura da lei começa assim: «Guilherme e Maria, Rei e Rainha de Inglaterra, da Escócia, de França e da Irlanda, pela graça de Deus, defensores da fé, etc. A quem todos aqueles que os representam dão as boas-vindas. » A terceira frase, que contém 242 palavras, começa assim: «Considerando que, numa certa Lei recentemente aprovada no Parlamento, intitulada Lei que concede a Suas Majestades várias tarifas e impostos com base na TONELAGEM DOS NAVIOS E EMBARCAÇÕES, e sobre a cerveja, bebidas fermentadas e outros licores, para fixar certas recompensas e vantagens na lei mencionada, essas pessoas deverão adiantar voluntariamente a quantia de 150 000 libras para continuar a guerra com a França, é, entre outras coisas, aprovado...»[53]

Dia de pagamento de dividendos no Banco de Inglaterra, xilogravura, cerca de 1800

A maior parte dos primeiros dois terços da lei aborda em pormenor a necessidade de aplicar todo um conjunto complexo de novas tarifas, obrigações e impostos sobre navios, cerveja, bebidas fermentadas e outros licores. O verdadeiro sentido da implementação de todos estes impostos era que eram

[53] D. Astle, op. cit., p. 55.

necessários para o pagamento dos juros sobre todos os futuros empréstimos governamentais. Pouco tempo depois, foram introduzidos outros impostos: o imposto predial, o imposto sobre o papel, o imposto de capitação, o imposto sobre o sal, o imposto de selo e o imposto sobre as janelas, que substituíram o imposto sobre as lareiras. Os outros impostos criados foram o imposto sobre os vendedores ambulantes, um imposto sobre as carruagens, um imposto sobre nascimentos, casamentos e óbitos e, por fim, um imposto sobre os solteiros.[54] No entanto, o imposto mais confiscatório foi o imposto sobre o rendimento indexado a uma taxa de 20%. Era aplicado não só às empresas, mas também aos agricultores.[55].

A GUERRA E A SERVIDÃO DA DÍVIDA À PERPETUIDADE

A partir de então, emergiria um modelo de sociedade em que guerras desnecessárias seriam desencadeadas para aumentar simultaneamente a dívida nacional e os lucros dos agiotas. Significativamente, a maioria dessas guerras foi declarada contra países que tinham implementado um sistema bancário sem juros, como foi o caso nas colónias norte-americanas e na França de Napoleão. Este esquema de reforço, através da violência, do sistema de usura dos banqueiros foi amplamente utilizado ao longo da era moderna e ilustra-se pelas derrotas da Rússia Imperial durante a Primeira Guerra Mundial, depois da Alemanha, da Itália e do Japão durante a Segunda Guerra Mundial e, mais recentemente, na Líbia em 2011. Todos estes países possuíam um sistema bancário estatal que redistribuía a riqueza das suas respetivas nações de forma equitativa, proporcionando à sua população um nível de vida muito superior ao dos seus rivais contemporâneos.

Em 1696, nos dois anos que se seguiram à sua fundação, o Banco de Inglaterra tinha colocado em circulação 1 750 000 libras em notas de banco com uma reserva de ouro de apenas

[54] A. M. Andreades, op. cit., p. 55.
[55] J. E. T. Rogers, op. cit., pp. 106-107.

2%, correspondente a um valor de 36 000 libras.[56] A 1 de maio de 1707, foi estabelecida a união entre a Escócia e a Inglaterra, em grande parte motivada pela necessidade de assumir o controlo da Casa da Moeda Real em Edimburgo, o que ocorreu em 1709.

Em 1720, após o fim da Guerra da Sucessão Espanhola (1701-1714), a dívida pública ascendia a 30 milhões de libras, com uma guerra que, por si só, custou 50 milhões de libras.[57] Após a Guerra da Independência Americana (1775-1783), que tinha sido desencadeada depois de os colonos se terem visto forçados a substituir a sua moeda criada sem dívida por dinheiro inglês, o que tinha provocado um desemprego de 50% da população ativa, a dívida nacional ascendia a 176 milhões de libras.

Segundo Sir John Harold Clapham, que escreveu *The Bank of England: A History 1694-1914* em 1944, Solomon de Medina e dois da Costa, Fonseca, Henriquez, Mendez, Nuñez, Rodriguez, Salvador e Teixeira de Mattos, todos judeus sefarditas, adquiriram a maioria das ações do banco em 1722.

Em 1786, o primeiro-ministro William Pitt, o Jovem, tentou abolir a dívida pública através de um fundo de amortização que gerava juros de 1 milhão de libras por ano, que ele destinava inteiramente ao pagamento da dívida.[58] Este procedimento foi rapidamente abandonado devido ao enorme aumento dos empréstimos necessários para financiar a guerra contra Napoleão. Em 1797, para pagar o fardo crescente dos juros, foi implementado um sistema de imposto progressivo sobre o rendimento, cuja receita ascendia, em 1815, a 70 milhões de libras por ano.[59]

A guerra contra a França durou de 1792 a 1815. O objetivo principal desse derramamento de sangue desnecessário era destruir o sistema financeiro sem dívida e sem juros

[56] F. J. Irsigler, op. cit., p. 5.
[57] A. M. Andreades, op. cit., p. 119.
[58] W. D. Bowman, *The Story of the Bank of England*, Herbert Jenkins Ltd, Londres, 1937, p. 291.
[59] A. M. Andreades, op. cit., p. 162.

implementado por Napoleão. (Ver o Capítulo III) Durante esse período, a Inglaterra também travou uma guerra contra os Estados Unidos de 1812 a 1814. Esta guerra, tal como a que travou contra a França, foi iniciada pela Inglaterra a pedido do banqueiro Mayer Amschel Rothschild (cujo nome verdadeiro era Bauer), depois de o Congresso dos Estados Unidos ter recusado renovar a carta constitutiva do Banco dos Estados Unidos controlado por Rothschild[60], que tinha sido o banco central da América de 1791 a 1811.[61] Nathan Rothschild é famoso por ter declarado em 1815: «Dêem-me o controlo da moeda de uma nação, e não me importo com quem faz as leis. A minoria que compreende o sistema estará tão interessada nos seus lucros ou tão dependente dos seus favores que nunca haverá oposição por parte dos membros dessa classe social.» O primeiro-ministro britânico Spencer Perceval (1809-1812) tentou pôr fim a esta guerra completamente fútil, mas foi assassinado a 11 de maio de 1812 no átrio da Câmara dos Comuns por John Bellingham, um extremista a mando de Rothschild.[62]

Em 1815, a dívida pública tinha disparado para 885 milhões de libras. Esta guerra perfeitamente inútil custou a vida a aproximadamente três milhões de soldados e um milhão de civis. Destruir o banco estatal criado por Napoleão custou ao povo britânico 831 milhões de libras[63], dos quais 2,5 mil milhões ainda estavam por pagar em 1914. O capital de 504 milhões de libras tinha quintuplicado com o tempo, graças à

[60] 100% das ações do banco eram detidas pelos Rothschild e seus sócios.

[61] Em 1836, o presidente Andrew Jackson fechou o Segundo Banco dos Estados Unidos, retirando todos os depósitos do governo. Este tinha sido criado por uma carta constitutiva de 20 anos em 1816. Os Rothschild e os seus sócios detinham 80% das ações e o governo americano, o restante.

[62] www.tomatobubble.com/fh1.html, NWO Forbidden History (1765-1816). Paralelamente a esta nomeação para o cargo de primeiro-ministro, em 4 de outubro de 1809, Perceval exerceu também as funções de ministro das Finanças, cargo para o qual tinha sido nomeado a partir de 28 de março de 1807. Estava, assim, perfeitamente familiarizado com os meandros das altas finanças. Durante o seu mandato, o seu Secretário do Tesouro foi John Charles Herries, um amigo pessoal e informador secreto de Nathan Rothschild. Ver N. Ferguson, *The House of Rothschild, Money's Prophets 1798-1848*, Vol. 1, Penguin Books, Londres, 1999, p. 86. (O professor Ferguson é um membro que participou na conferência do Bilderberg realizada em Chantilly, na Virgínia, nos EUA.)

[63] W. D. Bowman, op. cit., p. 290.

magia dos juros compostos.

William Cobbet (1763-1835), um astuto deputado representante do mundo agrícola, percebeu naquela época o que se tramava e escreveu o seguinte:

> «Comecei a estudar a Lei do Parlamento pela qual o Banco de Inglaterra tinha sido criado. Os investidores sabiam o que estavam a fazer. Os seus objetivos eram hipotecar, por etapas sucessivas, todo o país... as terras... as casas... as propriedades... o trabalho. O seu plano produziu o que o mundo ainda nunca tinha conhecido: a miséria no meio da abundância.»[64]

Em 1800, Sir William Pultney, um membro do Parlamento, propôs a criação de um banco nacional após ter formulado «ataques vigorosos» contra o Banco.[65] Em 1824, outro membro do Parlamento, David Ricardo, apresentou um plano detalhado[66] para converter o Banco da Inglaterra num banco nacional. Estas duas tentativas fracassaram. Os assuntos do Banco de Inglaterra permaneceram secretos e só em 1833, 139 anos mais tarde, é que uma versão simplificada das suas atividades foi apresentada ao parlamento através da Lei de 1833.[67]

No início da Primeira Guerra Mundial, em 1914, a dívida nacional ascendia a 650 milhões de libras.[68] A 31 de março de 1919, tinha disparado para 7,434 mil milhões de libras[69], dos

[64] W. Cobbett, *The Political Register*, Vol. XVIII, N.º 1, Londres, 14 de julho de 1810.
[65] Ibid., p. 207.
[66] W. D. Bowman, op. cit., 228 e A. M. Andreades, op. cit., p. 417-427.
[67] A. M. Andreades, op. cit., p. xii e p. 261.
[68] Poucos dias depois de a Inglaterra ter declarado guerra, a 4 de agosto de 1914, foi tomada uma medida de emergência com a emissão de 300 milhões de libras em notas Bradbury de 10 e 1 libra, isentas de dívida e juros. Estas foram rapidamente substituídas por empréstimos de guerra. O professor Frederick Soddy, laureado com o Prémio Nobel, explicou a forma fraudulenta como estes empréstimos foram contraídos: «O Banco de Inglaterra publicou uma circular oferecendo emprestar a 3 por cento o dinheiro necessário para a compra dos Empréstimos de Guerra, sobre os quais o contribuinte devia pagar 4 por cento de juros. Assim, por cada libra que o contribuinte pedisse emprestada, o banco recebia 15 pence e o subscritor fictício 5 pence. O banco não assumiu qualquer risco, pois detinha a nova subscrição como garantia do seu empréstimo até que a dívida fosse reembolsada. » F. Soddy, *Wealth, Virtual Wealth and Debt*, G. Allen & Unwin, Londres, 1933, p. 255.
[69] A. N. Field, op. cit., p. 164-165

quais 3 mil milhões de libras continuam por pagar 95 anos depois, a uma taxa de juro de 3,5% ao ano. Em 1919, 40% de todas as despesas orçamentais eram dedicadas ao pagamento de juros. Durante a Segunda Guerra Mundial, a dívida pública aumentou quase 300%, passando de 7,1 mil milhões de libras em 1939 para 20,1 mil milhões de libras em 1945. Em junho de 2014, ascendia a 1,3 biliões de libras.[70] No entanto, se somarmos todos os compromissos, incluindo as pensões dos setores público e privado, ultrapassa os 5 biliões de libras.

A NACIONALIZAÇÃO

A 14 de fevereiro de 1946, o governo trabalhista nacionalizou o Banco de Inglaterra. Os acionistas receberam títulos do Tesouro no valor de 11 015 100 libras, pagáveis ao fim de 20 anos. Esta nacionalização, que se supunha colocar o banco sob controlo público, não alterou em nada o sistema bancário privado de reservas fracionárias e foi empreendida apenas para fins de propaganda, figurando na lista do programa de nacionalização do Partido Trabalhista de certos setores financeiros e industriais.

A 6 de abril de 1974, o Banco de Inglaterra registou a Bank of England Nominees Limited, sociedade registada com o número 1307478, uma filial detida integralmente, cujos acionistas privados detinham as suas 100 ações no valor de 1 libra cada, das quais 50% foram vendidas. Alguns suspeitam que esta reorganização do modo de gestão do banco represente a sua aquisição inversa por acionistas privados. Tendo em conta que certos aspetos das operações do Banco de Inglaterra estão protegidos pela Carta Real, secção 27 (9), bem como pela Lei das Sociedades de 1976 e pela Lei dos Segredos de Estado de 1989, não estando, portanto, sujeito a qualquer tipo de observação pública nem mesmo a um simples escrutínio parlamentar, esta suposição poderá muito bem revelar-se totalmente fundamentada.

---

[70] www.nationaldebtclocks.com/unitedkingdom.htm

CAPÍTULO III

Os Bourbons, Napoleão e o Banco de França

Os factos mortíferos aqui revelados levaram-me a questionar-me: como é que este monstro, os juros, ainda não tinha devorado toda a raça humana.

– Napoleão Bonaparte,
ao examinar uma tabela de juros.

Quando o Banco de Inglaterra foi fundado em 1694, um dos seus principais objetivos era fornecer os fundos necessários para a prossecução das hostilidades contra a França. Naquela época, a França era a primeira potência mundial. Tanto em termos de força marítima como de possessões territoriais. Quatro anos antes, durante a batalha de Beachy Head, perto de Eastbourne, na Inglaterra, a marinha francesa tinha derrotado amplamente a frota inglesa, afundando doze navios, enquanto outros vinte foram afundados pelas próprias tripulações inglesas.[71]

Desde 7 de junho de 1654, a França era governada pelo seu monarca mais glorioso, Luís XIV, o Rei Sol. Luís estava bem a par das maquinações dos banqueiros. Quando descobriu que o seu ministro das Finanças, Nicolas Fouquet, era um representante do que hoje se denomina o poder monetário, e ao receber provas irrefutáveis de que «ele tinha traído a confiança depositada nele através de uma má gestão dos fundos públicos e de uma corrupção monstruosa», mandou-o prender. Fouquet foi julgado e condenado, tendo sido colocado em prisão domiciliária para o resto dos seus dias na fortaleza

[71] Na batalha de Trafalgar, a 21 de outubro de 1805, os franceses perderam um navio.

inacessível de Pignerol.[72]

A Guerra da Sucessão Espanhola (1702-1714) foi o maior conflito militar desde as Cruzadas. Ela eclodiu depois de Luís ter declarado a sua intenção de colocar o seu neto, Filipe, duque de Anjou, no trono espanhol. Se essa tentativa fosse bem-sucedida, criaria um vasto império franco-espanhol, representando assim uma ameaça direta ao Banco de Inglaterra e ao seu mandatário, o governo da Grã-Bretanha. Graças à sua capacidade de criar dinheiro a partir do nada, os ingleses conseguiram construir uma frota importante e comprar a lealdade dos inimigos da França, subornando-os generosamente.

Luís manteve-se no poder durante nove anos, até que os seus herdeiros começaram a morrer em circunstâncias estranhas. A 13 de abril de 1711, o seu filho Luís, o Grande Delfim, morreu alegadamente de varíola, apesar de já ter contraído a doença quando era criança. A 12 de fevereiro de 1712, a esposa do seu neto, o duque da Borgonha, morreu de um ataque de febre. Alguns dias depois, o seu marido, coberto de erupções cutâneas, faleceu a 18 de fevereiro de 1712 por causas desconhecidas. Algumas semanas depois, os dois bisnetos do rei adoeceram com escarlatina. O duque da Bretanha, com cinco anos, morreu a 18 de março de 1712. O seu irmão de três anos, o duque de Anjou, sobreviveu milagrosamente depois de o rei ter ordenado o seu isolamento e tratamento com um antídoto.

Na sequência destas tragédias, o rei foi persuadido a cessar as hostilidades e a encetar negociações. Em Utrecht, foi assinado um tratado em março e abril de 1713, o que permitiu à França conservar em grande parte as suas fronteiras anteriores à guerra. A partir daí, os herdeiros do trono francês deixaram de morrer, embora isso não tenha impedido que o outro neto de Luís, o duque de Berry, que era o regente do futuro Luís XV,

[72] W. G. Simpson, *Wich Way Western Man ?* Yeoman Press, Cooperstown, Nova Iorque, 1978, 230.

morresse num «acidente» de cavalo invulgar.[73]

Arrasado pela dor, o Rei Sol faleceu de causas naturais a 1 de setembro de 1715.

A capacidade dos ingleses de controlar vastas somas de dinheiro não tinha escapado à vigilância dos franceses, tendo estes compreendido que a guerra não tinha sido ganha devido a uma deficiência de crédito financeiro. A 1 de maio de 1716, um escocês, John Law, recebeu autorização para abrir um banco privado, o Banco Geral. Este seguia o modelo do Banco de Inglaterra e foi autorizado a emitir notas bancárias e a trocá-las por ouro.[74]

O regente de Luís XV, Filipe II, duque de Orléans, percebeu que o banco poderia fornecer ao governo os meios para cobrir as suas despesas e, em 1718, foi instituído o primeiro banco central da França, que passou a chamar-se Banco Real.

A adoção do paradigma do Banco da Inglaterra, baseado na capacidade de criar moeda *ex nihilo*, permitiu em breve que a economia francesa recuperasse o ímpeto e voltasse a florescer. No entanto, este período de prosperidade foi de curta duração. Em janeiro de 1720, o governo francês contraiu um empréstimo recorde de 100 milhões de *libras*. No mês seguinte, espalhou-se o rumor de que o banco estava a ter dificuldades em trocar as suas notas por moedas de ouro, o que desencadeou um «pânico atroz».[75] A origem deste rumor é desconhecida, mas o provável suspeito teria sido o Banco de Inglaterra, que desejava destruir o seu perigoso rival.[76]

Houve várias tentativas para salvar o Banco Real. Um decreto de 11 de março de 1720 proibiu o uso de moedas a partir de 1 de maio. Quando esta medida não conseguiu conter a catástrofe iminente, foi promulgado um decreto a 22 de maio de 1720

[73] N. Starikov, *Rouble Nationalization The Way to Russia's Freedom*, São Petersburgo, Piter, 2013, 57-58.

[74] Estes acontecimentos são mais conhecidos pelo nome de «caso da Companhia do Mississippi».

[75] N. Starikov, op. cit., 59.

[76] Ver Capítulo IV, para uma descrição da forma como o Banco de Inglaterra destruiu a moeda dos assignats da França revolucionária.

que reduziu em 50% o valor das notas. Um terceiro decreto, de 10 de outubro de 1720, declarava que, a partir de 1 de novembro de 1720, as notas seriam retiradas de circulação e passariam a ser trocáveis por títulos do Estado desvalorizados em 50% do seu valor. Em novembro de 1720, o Banco Real declarou falência e o seu fundador, o controlador-geral das finanças, John Law, fugiu do país no mês seguinte. Para o Banco de Inglaterra, o desaparecimento do Banco Real foi um triunfo absoluto.

Luís XIV, o Rei Sol, sempre demonstrou desconfiança em relação aos banqueiros. A sua incapacidade de financiar os seus exércitos e a sua marinha levou-o à derrota durante a Guerra da Sucessão Espanhola (1702-1714)

NAPOLEÃO, O REFORMADOR MONETÁRIO

Napoleão, que foi Imperador da França de 1804 a 1815, esteve sempre consciente de que os poderes do dinheiro permanecem sempre nas sombras e só agem através de agentes, que muitas vezes desconhecem os objetivos que perseguem. Percebeu que as finanças internacionais se escondiam por trás de cada inimigo estrangeiro, de cada monarca e de cada partido político, incluindo os jacobinos[77], tendo declarado um dia que: «A mão que dá está acima da mão que recebe. Os financistas não têm pátria, são desprovidos de patriotismo e de decência: o seu único objetivo é o lucro.»[78] Tinha ideias muito claras sobre a forma como desejava gerir a economia francesa. Definia o seu sistema como servindo para explorar os recursos do governo, incluindo as suas finanças, em benefício do seu povo e para a maior glória de Deus. O seu sistema defendia a manutenção da supremacia espiritual sobre os valores materiais, da nação sobre os partidos políticos, do patriotismo sobre a ganância cosmopolita e da lealdade sobre o terror despótico.[79]

Napoleão a fundar o Banco de França, a 18 de novembro de 1800

[77] Os jacobinos eram originalmente membros de um movimento político revolucionário de extrema-esquerda, que defendia o princípio de uma república centralizada. Durante a Revolução, instauraram o Regime do Terror. O Clube dos Jacobinos situava-se na Rue St Jacques, em Paris.

[78] R. McNair Wilson, *Monarchy or Money Power*, Eyre & Spottiswoode, Londres, 1934, p. 92.

[79] Nisto semelhante ao lema da França de Vichy: «*Trabalho, Família, Pátria*».

A base da economia devia ser a agricultura: «pois ela é a alma do povo... os alicerces do Reino.»[80] Seguia-se a indústria, que: «proporciona o conforto e a felicidade da população»[81] Em último lugar, vinha o comércio externo, constituído exclusivamente pelo excedente da agricultura e da indústria. Segundo ele: «o comércio externo deve estar ao serviço da agricultura e da indústria nacional, não devendo estas últimas nunca estar-lhe subordinadas.»[82] O objetivo final de Napoleão era garantir não só a independência financeira, mas também a autossuficiência na produção de bens consumidos a nível nacional.

Napoleão nunca permitiu que o Estado recorresse a empréstimos para despesas correntes, fossem elas civis ou militares, em nenhuma circunstância. A respeito da dívida, declarou:

> «Bastava-me pensar no que os empréstimos podem acarretar para perceber o perigo que representam. Por isso, nunca quis ter nada a ver com eles e sempre me opus firmemente ao seu recurso. Alguns afirmaram que eu não subscrevia empréstimos porque não possuía crédito e não conseguia encontrar ninguém que aceitasse emprestar-me dinheiro. Isso implica um conhecimento muito limitado da natureza humana e uma total ignorância dos métodos financeiros, se essas pessoas imaginam que eu não conseguia encontrar ninguém a quem me endividar. Isso simplesmente não fazia parte do meu sistema.»[83]

O BANCO DO ESTADO DO IMPÉRIO FRANCÊS

A primeira iniciativa de Napoleão quando assumiu o poder como Primeiro Cônsul, a 9 de novembro de 1799, foi fundar o Banco de França, a 18 de janeiro de 1800, sob a forma de uma sociedade por ações, que iniciou as suas operações a 20 de fevereiro desse ano. Este banco substituiu os 15 bancos

[80] R. McNair Wilson, op. cit., p. 97.
[81] Ibid., p. 97.
[82] Ibid., p. 97.
[83] Ibid., p. 96.

privados, principalmente judeus, que tinham estado profundamente envolvidos nos acontecimentos que conduziram à Revolução Francesa de 1789 a 1799.[84] Esses bancos cobravam taxas de juro exorbitantes sobre os créditos concedidos à coroa francesa, a tal ponto que, antes de 1789, esta dedicava mais de 50% das suas despesas ao seu pagamento.

O Banco foi criado com um capital social de 30 milhões de francos, dividido em 30 000 ações de 1000 francos cada, parte das quais foi subscrita por Napoleão, a sua família e membros do seu círculo.[85] Os dividendos dos acionistas estavam inicialmente limitados a 6% ao ano, mas foram aumentados em 1806 para dois terços dos lucros do banco, sendo o terço restante destinado às reservas. Os duzentos acionistas mais importantes elegiam os 15 regentes ou diretores, que integravam o Conselho Geral de Administração do Banco, e três censores ou inspetores, que supervisionavam a sua gestão.

O Conselho de Administração, por sua vez, elegia um Comité Central constituído por três membros, um dos quais era o presidente.[86] Napoleão nomeou-se a si próprio presidente do Banco, declarando que «o Banco não pertence apenas aos acionistas, pertence também ao Estado, pois este concedeu-lhe o privilégio de emitir moeda. Desejo que o banco esteja suficientemente nas mãos do Estado, sem, no entanto, ser em demasia.»[87]

A 14 de abril de 1803, através de uma lei aprovada no parlamento, Napoleão aboliu o direito exercido por dois bancos rivais, a *Caisse d'Escompte de Commerce* e o *Comptoir Commercial*, de emitir notas de banco. Como ele

---

[84] C. Quigley, *Tragedy and Hope, A History of the World in Our Time*, The Macmillan Company, Nova Iorque, 1966, p. 515.

[85] www.banque-france.fr/en/banque-de-france/history/the-milestones/1800-creation-of-the-banque-de-france.html

[86] Uma história da atividade bancária em todas as nações líderes; incluindo os Estados Unidos, a Rússia, a Holanda, os países escandinavos, o Canadá, a China e o Japão; compilada por 13 autores. Publicada pela editora de *The Journal of Commerce and Commercial Bulletin*, Nova Iorque, 1896, Vol. 3 (França, Itália, Espanha, Portugal, Canadá).

[87] Encyclopedia Britannica, 1964, Vol. 3, p. 132.

observou na altura:

> «Não me tinham dito que, para preservar o crédito, era necessário que a moeda artificial, como a criada pelo Banco de França, fosse emitida a partir de uma única fonte? Adoto essa ideia. Um único banco pode ser mais facilmente supervisionado do que vários — tanto pelo governo como pelo povo. Em caso de emergência, não vejo qualquer vantagem numa concorrência deste tipo.»[88]

A 22 de abril de 1806, foi promulgada uma nova lei, que substituiu os três membros do Comité Central por um governador e dois adjuntos.[89] Estas nomeações foram pessoalmente aprovadas por Napoleão. A nova lei elevou o capital do Banco para 90 milhões de francos. Napoleão era tão desconfiado e cético em relação aos banqueiros que supervisionava as operações do Tesouro, a fim de evitar que os segredos da sua política monetária fossem divulgados e explorados por especuladores e. Era, assim, o seu próprio banqueiro, controlando simultaneamente a criação e a distribuição da moeda e do crédito, para grande desgosto dos banqueiros internacionais, particularmente dos Rothschild, que se viram virtualmente excluídos das operações nos mercados do continente. Napoleão fez do franco a moeda mais estável da Europa. Depois de a França ter abandonado o mercado de empréstimos da City de Londres, uma névoa de depressão abateu-se sobre a fraternidade de banqueiros e agiotas. De forma reveladora, a imprensa inglesa começou a espalhar calúnias contra Napoleão. Este foi acusado de não ter respeitado as condições do Tratado de Amiens, que tinha sido assinado entre a Inglaterra e a França a 25 de março de 1802. As relações tornaram-se tensas quando Napoleão se recusou a assinar um acordo comercial, destinado a aumentar a «liberdade de comércio» e a permitir o que hoje se tornou a globalização, forçando-o assim a diminuir a autarquia e o isolacionismo da sua política continental.

A Inglaterra, sob a orientação dos seus banqueiros

[88] O editor do *The Journal of Commerce and Commercial Bulletin*, op. cit.
[89] Ibid.

internacionais, dedicou-se então a financiar[90] a Áustria, a Prússia, a Rússia, a Espanha e a Suécia e declarou imediatamente guerra à França. As forças da coligação[91] ultrapassavam os 600 000 homens. Napoleão nem sequer conseguia reunir um terço desse número, pelo que teria de recorrer a empréstimos bancários para armar e alimentar as suas tropas. A 20 de dezembro de 1803, antecipou-se aos belicistas vendendo a Louisiana aos Estados Unidos por 3 milhões de libras. Seguiu-se um breve período de paz e prosperidade. No entanto, em 1806, uma nova coligação composta pela Inglaterra, pela Rússia e pela Prússia, por iniciativa desta última, enveredou para a guerra. Embora as tenha derrotado em Jena, a 14 de outubro de 1806, Napoleão foi forçado a envolver-se numa série de guerras inúteis durante os nove anos seguintes, a fim de proteger a França e o seu novo sistema económico. Promulgou o Bloqueio Continental, cujos objetivos eram e aniquilar o comércio externo da Inglaterra, pois sabia que os ingleses não podiam pagar as suas importações e financiar os seus aliados ao mesmo tempo.

Tratado de Tilsit – Napoleão e o czar Alexandre I assinam o tratado numa jangada no rio Niemen.

[90] Segundo *a Encyclopedia Britannica*, 1964, Vol. 19, p. 573, os Rothschild «angariaram» 100 milhões de libras para os diversos governos da Europa durante as Guerras Napoleónicas.
[91] Esta foi a primeira de seis diferentes coligações armadas.

No Tratado de Tilsit, assinado a 7 de julho de 1807 numa jangada no meio do rio Niemen, na Prússia Oriental, Napoleão e o czar Alexandre I forjaram uma aliança que os tornava senhores da Europa continental. Alexandre concordou em aderir ao Bloqueio Continental de Napoleão contra a Inglaterra e em prometer apoio mútuo em caso de conflito com outras nações, em particular com o Império Britânico. Naquela época, a França e a Rússia eram os únicos dois países da Europa que não estavam sob o jugo do sistema usurário e, portanto, não estavam endividados com os Rothschild. Eram, assim, as duas únicas nações livres e independentes. No entanto, alguns anos mais tarde, a Rússia começou a quebrar o bloqueio. Esta ação baseava-se no facto de a Rússia, uma nação essencialmente produtora de matérias-primas, possuir uma fraca capacidade industrial e continuar dependente da Inglaterra para a importação de produtos manufaturados. Alexandre só estava disposto a prosseguir com o bloqueio se a França lhe fornecesse os bens anteriormente importados da Inglaterra. A França não estava em condições de satisfazer essas exigências, porque a Inglaterra dominava os mares e não existiam estradas nem infraestruturas ferroviárias na Europa naquela época. Assim, para manter o bloqueio, Napoleão decidiu invadir a Rússia a 24 de junho de 1812 com um exército de 500 000 soldados. Embora tenha chegado a Moscovo a 14 de setembro de 1812, percebeu que a cidade tinha sido abandonada, e a sua retirada no inverno seguinte transformou-se num desastre, com apenas 110 000 homens do seu contingente a sobreviverem. No ano seguinte, Napoleão foi derrotado na «Batalha das Nações», a leste de Leipzig, em 19 de outubro de 1813. Em 11 de abril de 1814, abdicou em Fontainebleau.

Depois de ter sido exilado na ilha de Elba, situada entre a Córsega e a Toscana, Napoleão tentou um regresso na Batalha de Waterloo, na atual Bélgica, a 18 de junho de 1815. Todos os beligerantes, Inglaterra, Prússia e França, foram financiados por Nathan Rothschild, junto de quem a França contraiu um empréstimo de 10 milhões de libras.[92] Após a sua derrota,

[92] Ver N. Ferguson, *The House of Rothschild, Money's Prophets 1798-1848*, Vol. 1,

Napoleão foi exilado na ilha britânica de Santa Helena, no Atlântico Sul, onde acabou por morrer em circunstâncias misteriosas, apesar de ser um homem em plena saúde aos 51 anos, a 5 de maio de 1821. Uma análise dos restos mortais de Napoleão revelou que ele morreu certamente de envenenamento por cianeto, na sequência de uma intoxicação crónica por arsénico.[93] Nesse caso, não há dúvida de que se trataria da obra de um assassino contratado por Rothschild, o que viria a confirmar um hábito constantemente repetido ao longo dos últimos dois séculos: assassinar todos os líderes que propõem, instituem ou mantêm um sistema bancário sem juros.[94]

Penguin Books, Londres, 1999, pp. 95-99, sobre a forma como o exército do Duque de Wellington foi financiado. Em 1936, Eberhard Müller escreveu uma peça de teatro intitulada *Rothschild Wins at Waterloo/Rothschild vence em Waterloo*, na qual Rothschild explica: «O meu dinheiro está em todo o lado, e o meu dinheiro é amigável. É o poder mais amigável do mundo, gordo, redondo como uma bola e sorridente.»; «A minha pátria é a Bolsa de Londres»; e «A fortuna da Inglaterra está nas minhas mãos.», p. 23.

[93] www.napoleon-series.org/ins/weider/c_assassination_w.html As causas da morte de Napoleão foram minuciosamente examinadas pelo falecido Ben Weider, que em 18 de fevereiro de 1998 proferiu uma palestra intitulada *The Assassination of Napoleon/O Assassinato de Napoleão* na Academia Militar de Sandhurst, em Londres. Weider identificou o conde Charles Tristan de Montholon como o provável envenenador. Este mantinha contacto diário com o Imperador e possuía um caráter depravado e um passado criminoso suficientes para se enquadrar no perfil perfeito de um assassino secretamente contratado por Rothschild. O arsénico, uma substância incolor, inodora e totalmente insípida, foi provavelmente administrado a Napoleão na sua ingestão diária de vinho proveniente do Cabo da Boa Esperança. (Cf. A morte do Barão Pyotr Wrangel (1878-1928), Comandante-em-Chefe do Exército Branco Russo do Sul, que foi envenenado por ordem de Estaline pelo irmão do seu mordomo, que residia com a família Wrangel em Bruxelas, na Bélgica).

[94] A maioria dos presidentes americanos que foram assassinados estava envolvida em reformas monetárias. Trata-se dos presidentes Abraham Lincoln, James Garfield, William McKinley, Warren G. Harding e John F. Kennedy. O presidente Richard M. Nixon demonstrou grande interesse numa reforma da Reserva Federal enquanto esteve no cargo, e isso pode ter sido um fator que contribuiu para a sua queda.

DÉCRET IMPÉRIAL

Concernant les Juifs qui n'ont pas de nom de famille et de prénoms fixes.

A Bayonne, le 20 juillet 1808.

NAPOLÉON, EMPEREUR DES FRANÇAIS, ROI D'ITALIE, et PROTECTEUR DE LA CONFÉDÉRATION DU RHIN;

Sur le rapport de notre ministre de l'intérieur,

Notre Conseil d'État entendu,

NOUS AVONS DÉCRÉTÉ et DÉCRÉTONS ce qui suit:

ARTICLE PREMIER.

Ceux des sujets de notre Empire qui suivent le culte hébraïque, et qui, jusqu'à présent, n'ont pas eu de nom de famille et de prénoms fixes, seront tenus d'en adopter dans les trois mois de la publication de notre présent décret, et d'en faire la déclaration par-devant l'officier de l'état civil de la commune où ils sont domiciliés.

A fim de facilitar a integração dos judeus na sociedade francesa, Napoleão emitiu um decreto em 1808, ordenando a todos os judeus que adotassem apelidos e os utilizassem em todos os documentos. Numa carta ao seu irmão mais novo, Jérôme, escrita em 1808, Napoleão declara: «Empreguei-me em reformar os judeus, mas não tenho intenção de atrair mais para o meu reino… É necessário reduzir, se não destruir, a tendência dos judeus para praticar um grande número de atividades prejudiciais à civilização e à ordem pública das sociedades de todo o mundo. É necessário deter o mal prevenindo-o; para o antecipar, é indispensável mudar os judeus… Assim que uma parte da sua juventude tiver integrado o nosso exército, deixarão de alimentar interesses e sentimentos judaicos; os seus interesses e preocupações serão franceses.»

AS REALIZAÇÕES DO BANCO ESTATAL FRANCÊS

Como parte integrante do Código Napoleónico (*Código Civil*

francês), Napoleão promulgou um novo código comercial a 21 de março de 1804. Estas reformas económicas, que incluíam uma redução substancial dos impostos, permitiram rapidamente que a economia francesa recuperasse vigor e provocaram um aumento do comércio e o desenvolvimento de novas indústrias, tais como as do algodão e do açúcar de beterraba, tudo isto apoiado e acompanhado por barreiras aduaneiras contra as mercadorias estrangeiras e por créditos a taxas de juro muito baixas. As infraestruturas foram melhoradas em grande escala, não só em França, mas em toda a Europa Ocidental, com a construção de 32 186 km de estradas imperiais e 19 312 km de estradas regionais, quase 1 609 km de canais, pontes, a dragagem e a ampliação de portos como Cherburgo e Dunquerque, o abastecimento de água potável, o florescimento de edifícios públicos, como a Galeria do Louvre — tudo isto financiado por dinheiro sem juros emitido pelo Banco de França.

Napoleão criou também um Conselho da Indústria, que fornecia dados e informações à indústria nacional, e depois a Universidade Imperial, encarregada de administrar a educação dos franceses, as escolas especializadas ou *liceus* dedicados ao estudo da engenharia, da ciência e das técnicas, enquanto as escolas profissionais se dedicavam à formação de parteiras, ao ensino da obstetrícia e da ciência veterinária.

Napoleão descreveria mais tarde estas realizações ao seu médico irlandês, Barry O'Meara, na ilha de Santa Helena, e declarou que eram os monumentos que permaneceriam depois dele. « As potências da coligação nunca poderão tirar-me o mérito das grandes obras públicas que empreendi, nem das estradas que mandei traçar através dos Alpes[95], nem dos mares que uni. Não podem pôr os pés em lado nenhum sem tropeçar nas pegadas que os meus deixaram. Não podem apagar o código de leis que elaborei e que passará para a posteridade.»[96]

[95] O Passo do Simplon. Uma das principais razões pelas quais Napoleão mandou construir este passo foi facilitar o transporte da sua artilharia para Itália.

[96] I. Tarbell, *A Short Life of Napoleon*, S. S. Mcclure Limited, Nova Iorque, 1895, Cap. VI Napoleão como Chefe de Estado e Legislador – Finanças – Indústrias – Obras Públicas. http://history-world.org/Napoléon7.htm

Para concluir, podemos considerar algumas das realizações que Napoleão enumerou ao seu antigo camareiro e companheiro diário durante 18 meses em Santa Helena, o conde de Las Cases:[97]

> «Inspirei à França e à Europa novas ideias que nunca serão esquecidas… as finanças da França são as melhores do mundo. A quem deve isso? Se não tivesse sido derrubado, teria realizado uma mudança completa no domínio do comércio e da indústria. Os esforços dos franceses foram extraordinários. A prosperidade e o progresso estavam presentes em toda a parte. Novas ideias surgiam de todos os lados, eram publicadas e difundidas, pois eu me esforcei por introduzir a ciência entre o povo… Se me tivessem dado tempo, em breve não haveria mais nenhum artesão na França; todos se teriam tornado artistas.»[98]

---

[97] O conde Emmanuel Augustin Dieudonné Joseph Las Cases (1766-1842). Ele registou as memórias, reflexões e aspirações de Napoleão, que foram posteriormente publicadas em *Le Mémorial de Sainte-Hélène.*

[98] R. McNair Wilson, op. cit., p. 98-99. O autor visitou a casa onde Pedro, o Grande, viveu durante um curto período em Zaandam, na Holanda, em 1697. Napoleão também visitou a casa a 13 de outubro de 1811 e assinou com estilo numa das paredes interiores: Napoleão Bonaparte Imperator.

CAPÍTULO IV

UM SÉCULO DE LUTA (1815-1918): ROTHSCHILD CONTRA OS POVOS

Quem detém o equilíbrio do mundo?
Quem reina sobre o congresso monárquico ou liberal?
Quem desperta os patriotas sem camisa de Espanha?
(Patriotas que tanto dão que falar nos jornais da velha Europa.)
Quem derrama sobre os mundos antigos e novos a dor ou o prazer? Quem torna a política mais fluida?
Quem pode resistir à audácia de Bonaparte? –
O judeu Rothschild e o seu colega, o cristão Baring.

- Lord Byron, *Don Juan, Canto Décimo Segundo*

OS BANCOS CENTRAIS NOS ESTADOS UNIDOS

Como este capítulo irá demonstrar, todas as experiências dos Estados Unidos com os bancos centrais foram desastrosas.

Durante o período colonial, as colónias americanas criavam o seu próprio papel-moeda. A primeira colónia a fazê-lo foi Massachusetts, em 1691. A Pensilvânia, o estado de Nova Iorque, Delaware e Maryland juntaram-se-lhe em breve. Chamavam à sua moeda «colonial script» (escritura colonial) ou letras de câmbio. Este sistema libertou-as do controlo dos bancos ingleses e permitiu-lhes gerir os seus assuntos financeiros num ambiente isento de inflação e com muito poucas taxas. Em todas as colónias desenvolveu-se um crescimento económico, resultando numa grande prosperidade, o que não teria sido possível sob um sistema bancário privado baseado na usura.

Em 1763, o estadista americano Benjamin Franklin (1706-

1790) visitou Londres, onde ficou chocado ao ver os bairros miseráveis e a pobreza generalizada. Quando o Parlamento britânico pediu a Franklin que explicasse a origem da prosperidade das colónias americanas, ele respondeu o seguinte:

> «É muito simples. Nas colónias, emitimos a nossa própria moeda. Chama-se "efeito colonial". Emitimo-la em proporção às necessidades do comércio e da indústria para facilitar a troca entre produtores e consumidores. Desta forma, ao criarmos nós próprios a nossa moeda, controlamos o seu poder de compra e não temos de pagar juros a ninguém.»

No ano seguinte, em 1794, o Banco de Inglaterra introduziu a Currency Bill[99], que restringiu severamente o direito das colónias de emitir a sua própria moeda e, de facto, proibiu o seu estatuto legal para o pagamento de dívidas públicas e privadas. Em vez disso, o banco obrigou-as a emitir títulos do Tesouro com juros e a vendê-los ao Banco da Inglaterra para obter, em troca, moeda inglesa. Posteriormente, apenas metade da moeda foi entregue. Esta lei teve como consequência o colapso da economia das colónias e, num ano, mais de metade da população ficou desempregada e mergulhou na pobreza. O Stamp Act de 1765 (a Lei do Selo), aprovado pelo Parlamento britânico, foi a gota de água que fez transbordar o copo, mas a abolição da moeda colonial foi a causa principal da Revolução Americana.

Uma das primeiras tarefas confiadas ao Segundo Congresso Continental, que se reuniu pela primeira vez a 10 de maio de 1775, foi emitir a sua própria moeda, principalmente para financiar as despesas de guerra. Um total de 241 552 788 dólares foi emitido durante toda a existência desta moeda. O Banco de Inglaterra foi rápido a responder. Centenas de trabalhadores foram recrutados e, em pouco tempo, milhões de dólares em notas falsificadas saíam das impressoras e eram enviadas para Nova Iorque. O dólar continental manteve o seu principal poder de compra e e durante os dois primeiros anos

---

[99] 4 Geo. IIIc. p. 34.

da sua emissão, mas assim que as notas falsas inglesas começaram a entrar em circulação, o seu valor desabou e, em 1780, um dólar valia apenas 2,5 cêntimos.

Quinze anos mais tarde, em 1790, o Banco de Inglaterra montou uma operação semelhante, empregando 400 trabalhadores em 17 fábricas no centro e no sul de Inglaterra, para imprimir os *assignats,* que constituíram a moeda da França revolucionária. Os *assignats,* que eram indexados às propriedades eclesiásticas, circularam com sucesso no início, como um meio de troca eficaz e prático. Uma parte significativa da dívida pública foi reembolsada. No entanto, em 1792, a injeção maciça de notas falsificadas causou rapidamente o colapso do valor dos *assignats,* tendo-se seguido então um breve período de hiperinflação. A 14 de abril de 1803, Napoleão Bonaparte inaugurou o franco emitido pelo governo, que passou a ter curso legal em 1808.

O **First Bank of the United States,** construído em Filadélfia em 1795. O principal acionista do banco era **Mayer Amschel Rothschild** (1744-1812)

Já em 1781, antes do fim da Guerra da Independência, em 11 de abril de 1783, Robert Morris (1734-1806), o Superintendente das Finanças, promulgou uma lei que reduzia o novo Estado à servidão, com a criação do Banco da América do Norte-. Este banco iniciou as suas operações a 4 de janeiro de 1782. Atraiu importantes depósitos de ouro e prata em troca de letras de câmbio obtidas através de empréstimos da França e dos Países Baixos, o que lhe permitiu posteriormente emitir papel-moeda com base nas suas fortes reservas. Entre 1791 e 1796, a inflação atingiu os 72%. Em 1795, o Estado da Pensilvânia retirou-se da sua jurisdição devido a «uma influência estrangeira alarmante e a um crédito fictício».[100]

Em 25 de fevereiro de 1791, o Banco da América do Norte foi substituído por um segundo banco central, que foi apresentado como o First Bank (Primeiro Banco) dos Estados Unidos. Este foi imposto pelas intrigas de Alexander Hamilton,[101] o Secretário do Tesouro, cujas ações indicam que trabalhava em estreita colaboração com os diretores do Banco da Inglaterra, uma vez que moldou o banco à imagem deste último. O novo banco dispunha de um capital de 10 milhões de dólares, dos quais 20% eram detidos pelo governo americano e o restante repartido entre investidores privados. O banco enfrentou forte oposição por parte dos futuros presidentes John Adams, James Madison e Thomas Jefferson (então Secretário de Estado), que mais tarde viria a declarar:

> «Este Banco Central é uma instituição fatal que vai contra todos os princípios e a forma da nossa Constituição... Penso que as instituições bancárias são mais perigosas para as nossas liberdades do que exércitos ameaçadores. Já deram origem a uma aristocracia do dinheiro que desafia o Governo. O poder de emissão deveria ser arrancado dos bancos e devolvido ao povo, a quem pertence por direito próprio. Se o povo americano permitir que os bancos controlem a emissão da sua moeda, primeiro através da inflação e depois da deflação, os bancos e as corporações que florescerão à sua volta privarão o povo de toda a propriedade, até que os seus filhos se encontrem sem abrigo no continente que os seus

[100] T. H. Goddard, *History of Banking Institutions of Europe and the United States*, H. C. Sleight, 1831, pp. 48-50.

[101] Hamilton nasceu a 11 de janeiro de 1755 ou 1757, filho de uma mãe francesa huguenote, Rachel Faucett Levine, na ilha de Nevis, nas Caraíbas, à sombra do Monte Sião. É provável que Hamilton não fosse o seu verdadeiro nome. O autor visitou a ilha e o Museu Hamilton.

pais conquistaram.»[102]

No ano seguinte, o banco organizou a primeira crise conhecida como o «Pânico de 1792». Ao inundar o mercado com crédito fácil e, em seguida, exigir repentinamente o reembolso da maior parte desse crédito, o banco precipitou toda a economia numa recessão generalizada. Isso desencadeou uma miséria social e a bolsa de valores entrou em colapso.

No final de 1795, o banco tinha emprestado 6 milhões de dólares ao governo, ou seja, 60% do seu capital. Como o banco alegava estar preocupado com a estabilidade das finanças governamentais, exigiu o reembolso parcial dos seus empréstimos. O governo não dispunha dos fundos necessários e foi, por isso, forçado a vender a sua participação no banco entre os anos de 1796 e 1802. Através deste estratagema, o banco passou a ser inteiramente controlado por entidades privadas, com 75% das ações detidas por estrangeiros.

Em 1811, o mandato do banco deveria ser renovado. O banco ocultava os seus lucros, operava de forma clandestina e era anticonstitucional. Tinha sido concebido principalmente para servir os interesses financeiros do norte, em detrimento do desenvolvimento agrícola do sul, enquanto os Democratas-Republicanos (jeffersonianos) pretendiam abolir-lo.

O ex-presidente Thomas Jefferson foi um dos que «se opuseram veementemente»[103] à renovação da lei. O que preocupava particularmente os legisladores era o facto de o banco estar agora 100% nas mãos de investidores estrangeiros. A imprensa descrevia a lei que instituía este banco central como uma «grande fraude», um «abutre», uma «víbora» e uma «cobra».[104] Além disso, defendiam que o Congresso gozava do direito constitucional de regular os pesos e as medidas e de emitir as moedas de moeda.[105] A lei foi rejeitada por uma maioria mínima de 65 votos contra 64, o que foi um feito, pois

[102] Carta ao Major John Cartwright, de 5 de junho de 1824.
[103] R. E. Search, *Lincoln Money Martyred*, Omni Publications, Palmdale, Califórnia, 1989, (publicado pela primeira vez em 1935), p. 38.
[104] Ibid., p. 38-39.
[105] Constituição dos Estados Unidos, Artigo I, Secção 8, Cláusula 5.

existe uma forte probabilidade de que muitos votos favoráveis tenham sido comprados. Finalmente, a 3 de março de 1811, o banco fechou as portas.[106]

Quando o principal acionista do First Bank of the United States, Mayer Amschel Rothschild (cujo nome verdadeiro era Bauer), soube das profundas dissensões relativas à renovação da carta do banco, enfureceu-se e declarou que: «ou o pedido de renovação da carta será aceite, ou os Estados Unidos ver-se-ão envolvidos numa guerra das mais desastrosas.»[107] Ele declarou ainda: «Vou dar uma lição a esses americanos insolentes e levá-los de volta à fase colonial.» Rothschild tentou influenciar o primeiro-ministro britânico Spencer Perceval para que declarasse guerra aos Estados Unidos, a fim de recuperar o seu banco central privado.

Em 1807, Perceval integrou o governo como Ministro das Finanças. Naquela época, a Inglaterra estava em guerra contra a França e uma das suas principais atividades era angariar fundos para financiar as hostilidades. Em vez de aumentar os impostos, Perceval contraiu vários empréstimos, inicialmente junto do Barings Bank e, posteriormente, principalmente junto dos Rothschild. O secretário de Perceval era John Charles Herries, que tinha sido nomeado para esse cargo cinco anos antes. Herries[108] era um íntimo de Nathan Rothschild e, até à sua morte em 1858, serviu fielmente a causa de Rothschild nos diversos cargos que ocupou no governo britânico, como Primeiro Lorde do Tesouro, Comissário-Geral do Exército e, posteriormente, Chanceler do Tesouro.

[109]Entretanto, os *agentes provocadores* de Rothschild espalhavam o descontentamento na América do Norte. Para provocar ainda mais os americanos, os britânicos começaram a interferir no comércio da América com a França, que por sua vez tinha imposto um bloqueio comercial contra a Inglaterra. Como a Marinha Real estava com falta de marinheiros, eles

[106] http://eh.net/encyclopedia/the-first-bank-of-the-united-states/
[107] www.armchairgeneral.com/forums/showthread.hp%3Ft%3DA109776
[108] N. Ferguson, *The House of Rothschild, Money's Prophets 1798-1848*, Vol. 1, Penguin Books, Londres, 1999, p. 86.
[109] N.D.T.: em francês no texto.

recorreram ao alistamento forçado de marinheiros americanos. Também forneceram armas às tribos indígenas, em particular ao chefe dos Chaouanons, Tecumseh, a fim de retardar e restringir a expansão dos pioneiros para o oeste. Os americanos, por seu lado, demonstravam o desejo de se apoderarem de uma parte do Canadá.

Paralelamente, Perceval enfrentava uma pressão crescente por parte de Nathan Rothschild para declarar guerra aos Estados Unidos. Recusou. O exército britânico já se encontrava atolado numa situação sem saída em Espanha e em Portugal (Guerra da Independência Espanhola, 1808-1814), em confronto com as forças de Napoleão, pelo que não tinha qualquer vontade de envolver mais tropas e recursos, tudo isto financiado por mais empréstimos bancários com juros, apenas para preservar os interesses bancários em declínio de Rothschild na América.

John Bellingham, o assassino de Spencer Perceval, nasceu por volta de 1769 em St Neots, no condado de Huntingdonshire. Entre 1800 e 1802, trabalhou em Arkhangelsk como agente de importação e exportação. Regressou à Rússia em 1804 e, em novembro desse ano, foi falsamente acusado de não ter pago uma dívida de 4.890 rublos, o que levou à sua prisão por quatro anos. Após a sua libertação, Bellingham fixou residência na Duke Street, em Liverpool. Enviou petições ao governo para receber uma indemnização, mas sem sucesso.

Este homem amargurado e injustiçado, encontrou-se na companhia de dois comerciantes, Thomas Wilson, um americano, e Elisha Peck,[110] um judeu americano, que eram ambos favoráveis à revogação do decreto que proibia as nações neutras de comercializar com a França. Esse decreto tinha sido promulgado por Perceval em resposta ao Bloqueio Continental de Napoleão, que este último tinha instituído em 1806, e proibia as trocas comerciais entre a Inglaterra e a Irlanda. A sua prorrogação deveria ser debatida no parlamento naquela noite fatídica. Assistimos assim a uma convergência de interesses: um homem perturbado e cheio de ressentimentos,

---

[110] http://guardian.com/books/2012/may/11/why-spencer-perceval-androlinklater-reviewp.

dois mercadores ávidos e o manipulador Rothschild a puxar os fios nos bastidores.

A 11 de maio de 1812, às 17h15, quando Perceval entrava no átrio da Câmara dos Comuns, Bellingham avançou e disparou-lhe no coração à queima-roupa. Perceval caiu a murmurar: «Um homicídio... Oh meu Deus!»[111] Depois, morreu em poucos minutos. Quatro dias depois, Bellingham foi julgado no Old Bailey (Tribunal Penal Superior). O julgamento durou três dias. Uma alegação de insanidade foi rejeitada. A brevidade do julgamento deveu-se provavelmente à necessidade de impedir qualquer revelação indesejável. Como é habitual neste tipo de assassinato político, a teoria do «assassino solitário» deve ser preservada a todo o custo. A 18 de maio de 1812, Bellingham foi enforcado.

O assassinato do primeiro-ministro britânico, **Spencer Perceval,** pelo assassino de Rothschild, John Bellingham.

Algumas semanas após o assassinato de Perceval, o decreto que proibia as nações de comercializar com a França foi revogado.

Na Câmara dos Representantes dos Estados Unidos, Henry Clay, que era maçom, liderou um grupo de jovens democratas-republicanos conhecidos como «Falcões de Guerra». A

[111] M. Gillen, *Assassination of the Prime Minister: the shocking death of Spencer Perceval*, Sidgwick & Jackson, Londres, 1972, p. 185.

votação da declaração de guerra foi decidida em 1 de junho de 1812 por 79 votos contra 49, com os 39 federalistas a recusarem-se a apoiar a lei. No Senado, a votação foi de 19 contra 13 a favor. Como não houve unanimidade, os críticos referiam-se frequentemente a esta oposição como a «Guerra do Sr. Madison».

Na Inglaterra, o sucessor de Perceval, Lord Liverpool, era um entusiasta defensor da guerra. No entanto, nenhum dos beligerantes conseguiu atingir os seus objetivos, exceto Nathan Rothschild, que concretizou o seu desígnio de criar o Segundo Banco dos Estados Unidos, a 10 de abril de 1816. Quando as hostilidades cessaram, mais de dois anos depois, a 24 de agosto de 1814, registavam-se mais de 24 000 vítimas. A guerra foi muito onerosa para os Estados Unidos em termos financeiros. Gerou uma enorme dívida de guerra de 105 milhões de dólares, o que deve ser colocado em perspetiva tendo em conta que a população na altura era de apenas oito milhões de habitantes. O resultado foi um aumento de 182% da dívida nacional, passando de 45 milhões de dólares em 1812 para 127 milhões de dólares em 1815. A paz foi assinada em Ghent, na Bélgica, a 24 de dezembro de 1814.

O Segundo Banco dos Estados Unidos dispunha de um capital ampliado de 35 milhões de dólares. O banco estabeleceu imediatamente um grande número de agências bancárias para emprestar moeda fiduciária a taxas de juro compostas. Em 1822, o presidente James Monroe nomeou Nicholas Biddle presidente do banco.

Biddle já tinha estabelecido contacto com os Rothschild durante uma visita governamental a Paris em 1804, quando era secretário do delegado ministerial dos Estados Unidos em França, John Armstrong. Na qualidade de presidente do banco, servia de homem de confiança de James de Rothschild, que era o principal investidor do banco.[112]

[112] Patrick Carmack, Bill Still, *The Money Masters: How International Bankers Gained Control of America* (Vídeo, 1998), texto aqui: http://users.cyberone.com.au/myers/money-masters.html

O «Presidente do Povo», **Andrew Jackson**, que sobreviveu a uma tentativa de assassinato antes de vetar uma lei que teria autorizado a renovação da carta constitutiva do Segundo Banco dos Estados Unidos, propriedade de Rothschild.

A recessão económica induzida artificialmente de 1819-1821 foi muito lucrativa para os banqueiros, pois conseguiram comprar bens a preços de saldo, o que acabou por convencer o líder dos Democratas, Andrew Jackson, de que a única maneira de acabar com esses abusos era fechar o banco central. Durante a campanha para a sua reeleição em 1832, declarou: «O monstro deve perecer»[113] e o seu slogan principal era: «VOTE EM ANDREW JACKSON – SEM BANCO». Ele declarou: «Se o Congresso tem o direito, pela Constituição, de emitir papel-moeda, deve usá-lo para si próprio e não delegar essa prerrogativa vital a indivíduos ou corporações.»[114] Ele declarou também: «Se ao menos o povo americano compreendesse o nível de injustiça do nosso sistema bancário e monetário, haveria uma revolução antes de amanhã de manhã.»

Apesar de uma tentativa de assassinato, em 30 de janeiro de 1835, perpetrada por um agente de Rothschild, Richard Lawrence; quando a carta de 20 anos do Segundo Banco dos Estados Unidos teve de ser renovada em 1836, Jackson levou o banco à falência, retirando todos os depósitos do governo. Ele liquidou rapidamente a dívida nacional na totalidade, deixando um excedente de 50 milhões de dólares no Tesouro. O banco central foi substituído por um sistema de tesouraria independente baseado em papel-moeda e dinheiro recuperável.

Durante o mandato de John Tyler (1841-1845), foram feitas duas tentativas pelo Congresso, com o apoio do antigo porta-voz da Câmara dos Representantes, Henry Clay, para renovar a carta constitutiva do Banco dos Estados Unidos. Clay, que se tinha tornado Grão-Mestre da Loja do Kentucky,[115], era outro agente de renome sob a influência dos Rothschild. Tyler vetou estes dois projetos e viu-se posteriormente inundado por centenas de cartas com ameaças de morte.[116]

Durante os 77 anos seguintes, os Estados Unidos desenvolveram-se sem qualquer necessidade de um banco central. Os seus meios de troca baseavam-se principalmente nas notas emitidas sem dívida e sem juros pelo Tesouro, os

[113] R. V. Remini, *Andrew Jackson*, Twyne Publishers Inc., Nova Iorque, 1966, p. 158.
[114] R. E. Search, op. cit., p. 43.
[115] Para um estudo sobre a Maçonaria, ver J. Robison: *Proof of a Conspiracy against all the Religions and Governments of Europe, carried on in the Secret Meetings of Freemasons, Illuminati, and Reading Societies, collected from Good Authorities*, Western Islands, Belmont, Massachusetts, 1967, (publicado pela primeira vez em 1798), p. 304.
[116] O. P. Chitwood, *John Tyler Champion of the Old South*, Russell & Russell, 1964, (publicado pela primeira vez em 1939), p. 249-251.

dólares «greenback»[117], utilizados pela primeira vez pelo presidente Abraham Lincoln em 1862, para financiar as suas despesas militares durante a Guerra da Secessão; bem como nas moedas de ouro e prata.[118] (Até 1873, o ouro e a prata podiam ser cunhados gratuitamente sob a forma de moedas em todas as casas da moeda dos EUA – US Mint.) Depois de rejeitar as ofertas dos banqueiros privados para emprestar dinheiro ao governo dos Estados Unidos a taxas de juro que variavam entre 24% e 36% ao ano,[119] Lincoln, seguindo o conselho do seu amigo, o coronel Dick Taylor[120], mandou emitir 347 milhões de dólares em moeda, sem qualquer outro custo para o povo americano além do preço da impressão e da distribuição. A desconfiança de Lincoln em relação a Lionel Rothschild e ao seu tio James provocou o seu assassinato na noite de 15 de abril de 1865 por John Wilkes Booth[121] (cujo nome verdadeiro era Botha), a pedido do agente local de Rothschild, chamado Rothberg.

A Guerra Civil Americana (1861-1865) deixou o governo dos EUA com uma dívida no valor de 5 mil milhões de dólares. Devido à inflação, esses títulos valiam agora apenas 2,5 mil milhões de dólares. Uma grande quantidade desses títulos foi comprada pelo agente de Rothschild, Auguste Belmont[122], na esperança de os resgatar pelo seu valor nominal em ouro. Durante a eleição presidencial d e de 1868, o candidato do Partido Democrata, George H. Pendleton, comprometeu-se exclusivamente com um pagamento em papel-moeda. Foi logo substituído por Horatio Seymour por iniciativa de Belmont, que tinha assumido a liderança do Comité Nacional Democrata em 1860. Seymour prometeu um pagamento em dinheiro. No

[117] O governo confederado emitia a sua própria moeda, sem dívida e sem juros, chamada «graybacks». No entanto, estas tiveram menos sucesso, pois uma grande quantidade de moeda falsa foi produzida pelo governo da União.

[118] *R. E. Search, op. cit., p. 67.*

[119] *Appleton Cyclopedia*, 1861, p. 286.

[120] Numa carta escrita a 16 de dezembro de 1864, Lincoln agradeceu ao Coronel Taylor pela sua ideia maravilhosa. Ver o apêndice.

[121] R. E. Search, op. cit., p. 114-131. Booth era conhecido por falar a «língua hebraica» e por frequentar regularmente os serviços religiosos na sinagoga.

[122] Nascido Schönberg em Alzey, na Alemanha. Ver também N. Ferguson, *The House of Rothschild, Money's Prophets 1798-1848*, Vol. 1, Penguin Books, Londres, 1999, p. 370-375.

entanto, quando a Convenção aprovou uma resolução a favor do papel-moeda, Belmont foi forçado a mudar de lado e a apoiar posteriormente o candidato republicano, o general Ulysses S. Grant, e a utilizar as suas participações no *New York World* para denegrir e minar as hipóteses de eleição de Seymour. Grant conquistou a presidência e, ao iniciar o seu mandato em 1869, introduziu prontamente a Lei do Crédito Público (Public Credit Act), que organizou o reembolso do valor nominal dos 5 mil milhões de dólares em títulos do Tesouro em ouro. Isso permitiu a Rothschild e aos seus sócios obter um lucro de 100%.

O padrão-prata foi abolido e substituído pelo padrão-ouro por meio da Lei da Cunhagem de 1873. A 17 de janeiro de 1873, esta lei foi aprovada pelo Senado. De acordo com o depoimento sob juramento do Sr. Frederick A. Luckenbach, datado de 9 de maio de 1892, ele soube pelo Sr. Ernest Seyd, em Londres, que a desmonetização da prata americana tinha sido expressamente ordenada pelos governadores do Banco da Inglaterra, que, além disso, tinham desembolsado 100 000 libras (500 000 dólares) para subornar um número suficiente de membros do Congresso americano responsáveis pelas questões financeiras.[123] Este ato infame é conhecido como o «Crime de 1873».

O abandono forçado da moeda de prata do povo foi igualmente organizado no seio do Império Alemão, quando o governo deixou inexplicavelmente de cunhar as moedas de prata do *thaler* em 1871. Não há dúvida de que se tratava de um plano sincronizado coordenado pelos Rothschild, com o objetivo de

123 Ibid., p. 66-68. Este acontecimento foi mais tarde descrito num romance de W. H. Harvey, Coin Publishing Company, 1894. «O cerne da conspiração reside no facto de os banqueiros de Londres, que eram judeus, terem decidido destruir os Estados Unidos através da manipulação monetária. Em *A Tale of Two Nations*, a história é apresentada sob a forma de um melodrama em que a aranha no centro é B. Rothe, um nome cujo significado não se perdeu para uma geração que tinha ouvido muitas coisas sobre os malefícios dos Rothschild. Para seu lucro pessoal, Rothe decide que, para impedir que a América se tornasse financeiramente forte, deve provocar a desmonetização do dinheiro metálico. » R. Gollam, *The Commonwealth Bank of Australia: Origins and Early History*, Australian National University Press, Canberra, 1968, pp. 45-46.

consolidar ainda mais o padrão-ouro.[124]

O padrão-ouro causou estragos na economia americana e permitiu aos banqueiros privados recusar empréstimos e restringir a massa monetária à sua vontade. Seguiu-se uma série de pânicos e corridas anormais aos bancos, em 1873, em 1884, em 1890-91, em 1893-94, em 1897, e depois em 1903 e 1907.[125] Esses pânicos bancários gerados artificialmente enfureceram tanto o presidente James Abram Garfield que, pouco tempo depois de assumir o cargo, a 4 de março de 1881, ele fez uma declaração em meados de junho do mesmo ano, explicando que tencionava resolver o problema:

> «Quem controla a massa monetária de um país é o senhor absoluto de toda a indústria e do comércio... E quando se percebe que todo o sistema é muito facilmente controlado, de uma forma ou de outra, por uma minoria de homens poderosos no topo, não é preciso dizer de onde vêm os períodos de inflação e de depressão.»[126]

---

[124] Ver: *Official Proceedings of the Democratic National Convention*, realizada em Chicago, Illinois, nos dias 7, 8, 9, 10 e 11 de julho de 1896, (Logansport, Indiana, 1896), p. 226-234, onde o antigo membro do Congresso William Jennings Bryan proferiu o seu famoso discurso da *Cruz de Ouro*: «... Responderemos ao seu pedido de um padrão-ouro dizendo-lhes: não podem colocar esta coroa de espinhos na testa do mundo do trabalho. Não devem crucificar a humanidade numa cruz de ouro.»
[125] C. A. Lindbergh, *The Economic Pinch (Lindbergh on the Federal Reserve)*, The Noontide Press, Costa Mesa, Califórnia, 1989, (primeira publicação em 1923), p. 93-94.
[126] E. H. Brown, *The Web of Debt, The Shocking Truth About Our Money System and How We Can Break Free*, Third Millenium Press, Baton Rouge, Louisiana, 2008, p. 96.

O presidente **James Abram Garfield** (à direita) abatido por um «assassino solitário», Charles J. Guiteau, na Estação Central de Washington, a 2 de julho de 1881. No centro encontra-se o Secretário de Estado, James Blaine.

Duas semanas depois, Garfield foi baleado por um «assassino solitário», Charles J. Guiteau, que mais tarde justificou o seu ato com uma queixa relativa a uma promoção para um cargo diplomático. Garfield não morreu imediatamente, mas devido aos cuidados médicos inadequados que lhe foram prestados, muito provavelmente de forma deliberada; agonizou até à sua morte, a 19 de setembro de 1881. Durante o seu julgamento, a mão oculta de Rothschild foi revelada quando Guiteau exclamou que «homens importantes na Europa lhe tinham confiado essa tarefa e prometido protegê-lo caso fosse apanhado».[127]

O pânico de 1907 teve consequências desastrosas. Logo no início de 1907, Jacob Schiff, presidente da Kuhn, Loeb & Co., advertiu: «A menos que tenhamos um Banco Central que exerça um controlo adequado do crédito, este país irá enfrentar o pânico monetário mais grave que a história já viu. »[128] Em outubro do mesmo ano, J. P. Morgan, outro testa-de-ferro de Rothschild, provocou o pânico ao espalhar o boato de que a sua rival, a Knickerbocker Bank and Trust Co., estava

[127] http://en.wikipedia.org/wiki/James_A._Garfield

[128] Discurso proferido na Câmara de Comércio de Nova Iorque.

insolvente. Durante a queda que se seguiu, as ações d perderam 50% do seu valor na bolsa de Nova Iorque. As consequências deste pânico deliberado foram uma queda de 11% na produção industrial no ano seguinte, um aumento de 26% nas importações e a explosão da taxa de desemprego, que passou de 3% para 8%. Foram estas fases contínuas de expansão e recessão, de inflação e deflação, que forneceram a motivação e o pretexto para a criação de um banco central, que supostamente resolveria todos estes problemas de uma vez por todas.

A CRIAÇÃO DO BANCO DA RESERVA FEDERAL DOS ESTADOS UNIDOS

Para enganar o público, foram apresentadas duas «alternativas». Uma era defendida pela Comissão Monetária Nacional, sob a direção do senador Nelson Aldrich (avô de Nelson Aldrich Rockefeller), conhecida como Plano Aldrich. A outra solução, adotada pelo Comité Monetário Especial da Câmara de Comércio de Nova Iorque, estava sob a direção de Paul Warburg, um banqueiro judeu-alemão que agia em nome dos interesses dos Rothschild, na pessoa do Barão Alfred Rothschild. Era conhecida como o Plano de Wall Street. À exceção do que dizia respeito à distribuição das reservas, os dois planos eram idênticos em todos os pontos e não tinham outro objetivo senão o estabelecimento de um banco central de reserva.

A 22 de novembro de 1910, os banqueiros conspiradores, incluindo, entre outros: A. Piatt, secretário-adjunto do Tesouro, Frank Vanderlip, presidente do National City Bank de Nova Iorque, Henry P. Davidson, sócio principal da JP Morgan and Co., Charles D. Norton, presidente do First National Bank of New York, Benjamin Strong, vice-presidente do Bankers Trust de Nova Iorque, e Paul Moritz Warburg, sócio da Kuhn, Loeb & Co., partiram furtivamente de Nova Iorque no vagão Pullman de Aldrich (com todas as persianas fechadas), partindo de Hoboken, a estação ferroviária de Nova

Jérsia, em direção à Ilha Jekyll, na Geórgia.[129] O destino do povo americano seria determinado durante os dez dias seguintes no muito seleto Clube de Caça da Ilha Jekyll, propriedade de JP Morgan, por este grupo de financistas com intenções criminosas, que se autodenominava o Clube dos Nomes. De facto, apenas os nomes próprios eram utilizados, de modo a não revelar a sua identidade aos funcionários.[130]

Na Câmara dos Representantes, o americano-sueco **Charles Auguste Lindbergh** atacou a lei bancária e monetária, classificando-a como «o maior crime legislativo de todos os tempos».

A lei para a criação do Banco da Reserva Federal dos Estados Unidos foi veementemente combatida pelo membro do

129 H. S. Kenan, *The Federal Reserve Bank,* The Noontide Press, Los Angeles, 1968, pp. 92-99.
130 Ibid., p. 104.

Congresso, Charles Auguste Lindbergh, que declarou:

> «Esta lei cria o maior monopólio da Terra, um daqueles que a Lei Antitrust de Sherman dissolveria se o Congresso não o tivesse criado expressamente por meio desta lei, algo que essa legislação proibia. Quando o presidente assinar esta lei, o governo invisível do poder monetário, cuja existência foi comprovada pela investigação Pujo, será legalizado. O maior crime do Congresso reside no seu sistema monetário. Esta nova lei bancária e monetária é o maior crime legislativo de todos os tempos.»[131]

A lei gerou também uma forte contestação no Senado, por intermédio do senador Robert M. La Follette, um dos seus «mais ferrenhos opositores».[132] Apesar disso, a lei foi aprovada a 23 de dezembro de 1913, depois de os membros do Senado terem sido ameaçados pelo pouco recomendável presidente Woodrow Wilson, «tão desprovido de ética e princípios como de moralidade»,[133] de manter a sessão até que a lei fosse aprovada, recusando-lhes as férias de Natal. Apenas uma minoria de 43 senadores votou a favor da lei, com 25 votos contra, 27 abstenções e 5 membros ausentes. Os promotores desta lei prometeram que o dólar dos Estados Unidos se tornaria uma moeda estável e que os ciclos de recessão seriam coisa do passado.

A este respeito, desde a criação do Banco da Reserva Federal dos Estados Unidos em 1914, o dólar americano perdeu 97% do seu poder de compra e o país passou por 19 recessões, a Grande Depressão dos anos 30 e a atual grande crise que teve início em 2008, a qual, apesar da propaganda difundida pelos meios de comunicação oficiais, apresenta todos os sintomas de uma depressão. Desde 1910, a dívida nacional passou de 2,65 mil milhões de dólares para 17,5 biliões de dólares em 2014,

---

131 *The Senate,* Vol. 51, novembro de 1912.

132 E. M. Josephson, *The «Federal» Reserve Conspiracy & Rockefellers,* Chedney Press, Nova Iorque, 1968, p. 52.

133 Ibid., p. 43. O presidente Wilson foi vítima de chantagem judaica. Ver M. C. Piper, *The Making of Woodrow Wilson – An American Hero? The Barnes Review,* Washington D.C., Vol. VI, n.º 2, março/abril de 2000, p. 6-12.

enquanto os compromissos não provisionados ultrapassam os 240 biliões de dólares.[134]

Em vez de funcionar como o banqueiro dos banqueiros do povo, o Banco da Reserva Federal dos Estados Unidos conduziu as suas operações como um banco privado para benefício exclusivo dos banqueiros privados. O facto de, em 100 anos de existência, as suas contas nunca terem sido objeto de uma auditoria pública, não é surpreendente.[135]

A lista seguinte revela os principais acionistas do banco:[136]

Os Bancos Rothschild de Londres e de Paris
O Banco dos Irmãos Lazard de Paris
O Banco Israel Moïse Sieff da Itália
Os Bancos Warburg de Hamburgo e de Amesterdão
O Banco Shearson American Express
O Banco Goldman Sachs de Nova Iorque
O Banco JP Morgan Chase[137]

134 http://www.thecommonsenseshow.com/2014/08/05/the-statistics-do-not-liewelfare-is-the-best-paying-entry-level-job-in-35-states/

135 A 25 de julho de 2012, uma proposta de auditoria pública foi apresentada pelo congressista Ron Paul (republicano do Texas) e aprovada por 327 votos contra 98. Como ele observou na altura: «Penso que o facto de eles [a Reserva Federal] poderem gerir biliões de dólares e saberem que ninguém tem autorização para lhes fazer a mínima pergunta constitui um risco moral. Esta proposta visa eliminar esse risco.» *USA Today*, na secção de política.

136 A Casa Rothschild é atualmente o acionista maioritário, detendo 58% das ações. Ver E. Mullins, *Os Segredos da Reserva Federal*, Retorno às Origens.

137 A 20 de junho de 1992, o JP Morgan adquiriu o Manufacturers Hanover Trust e as suas ações da Reserva Federal.

O senador **Robert Marion** «Fighting Bob» **La Folette**, que fez tudo o que estava ao seu alcance para impedir a aprovação da Lei Bancária e Monetária e a escravidão programada do povo americano.

O BANCO ESTATAL DO IMPÉRIO RUSSO

O **Banco Estatal** do Império Russo, na Nelinnaya, n.º 12, em Moscovo. Este mesmo edifício alberga hoje o Banco Central da Federação da Rússia.

Entretanto, do outro lado do Atlântico, tinha sido adotado um sistema financeiro diferente, nomeadamente o Banco do Estado. De setembro de 1814 a junho de 1815, realizou-se o Congresso de Viena, com o objetivo de resolver as questões suscitadas pelas Guerras Revolucionárias Francesas, pelas Guerras Napoleónicas e pela dissolução do Sacro Império Romano-Germânico. Nos bastidores, Nathan Mayer Rothschild propôs a formação de uma nova ordem mundial centrada nos seus bancos centrais. Todas as potências mais importantes, com exceção da Rússia, estavam endividadas junto dos bancos Rothschild. O czar Alexandre I (1801-1825) recusou-se a ceder ao plano diabólico dos Rothschild e fez com que este fracassasse. Em vez disso, instituiu a Santa Aliança entre a Áustria, a Prússia e a Rússia, que foi assinada a 26 de setembro de 1815 pelo Imperador Francisco Ida Áustria, pelo Rei Frederico Guilherme III da Prússia e pelo Czar Alexandre. Rejeitou igualmente a oferta de criação de um banco central na Rússia, que lhe foi apresentada por Rothschild. A história não diz se ele não confiava nesse banqueiro das sombras, ou se estava simplesmente ciente dos perigos do sistema de banco central, mas recusou sensatamente esse pedido. No entanto, este comportamento prudente provocou a ira vingativa e implacável dos Rothschild, que, segundo o Major-General conde Cherep-Spiridovich[138], provocaram o assassinato dos últimos cinco czares e, 102 anos mais tarde, exerceram a sua vingança talmúdica de forma espetacular.

A 12 de junho de 1860, o Banco do Estado do Império Russo,[139], foi fundado com o objetivo de estimular as receitas comerciais e reforçar o sistema monetário. Até 1894, era apenas uma instituição auxiliar sob o controlo direto do Ministério das Finanças. Nesse ano, foi transformado no «banqueiro dos banqueiros» e tornou-se o instrumento da política económica do governo. Cunhava e imprimia as moedas e as notas da nação, regulava a massa monetária e, através da rede de bancos comerciais, concedia à indústria e ao comércio créditos a juros baixos. As suas vastas reservas de ouro, as maiores do mundo, excediam o valor das notas emitidas em mais de 100%, exceto no ano de 1906. Em 1914, tinha-se tornado uma das instituições de crédito mais influentes da Europa.[140] Como seria de esperar, a Rússia detinha a dívida pública mais reduzida do mundo. A tabela seguinte reflete o montante em rublos da dívida per capita de cada país.

França	Grã-Bretanha	Alemanha	Rússia
288,0	169,8	135,6	58,7

Em 1914, 83% dos juros e da amortização da dívida nacional, da qual menos de 2% era detida pelo estrangeiro, foram financiados pelos lucros dos caminhos-de-ferro públicos russos. Em 1916, a extensão total das linhas principais era de

[138] Major-General Conde A. Cherep-Spiridovich, *The Secret World Government or «The Hidden Hand»*, The Anti-Bolshevist Publishing Association, Nova Iorque, 1926, p. 41. Nenhum destes czares atingiu a idade adulta. A sua esperança média de vida foi de 53 anos. Ver também S. Goodson, O assassinato dos czares: a ligação Rothschild, *The Barnes Review*, Washington D.C., Vol. XX, N.º 5, setembro/outubro de 2014, p. 38-40.
[139] A. Del Mar, *Money and Civilization: Or a History of the Monetary Laws and Systems of Various States Since the Dark Ages, and their Influence upon Civilization*, Omnia Publications, Hawthorne, Califórnia, 1975 (publicado pela primeira vez em 1886), p. 313.
[140] Banco Estatal do Império Russo, Banco Central da Federação da Rússia, Rua Neglinnaya, n.º 12, Moscovo 107016.

100 817 verstas ou quilómetros. A tonelagem comercial russa ascendia a 11 130 000 em 1910, ultrapassando a tonelagem mercante britânica, que era de 10 750 000.

Em 1861, o czar Alexandre II (1855-1881)[141] aboliu a servidão, que nessa época afetava 30% da população. Em 1914, restava muito pouca terra nas mãos dos proprietários de terras russos, que eram principalmente da nobreza. 80% das terras aráveis estavam nas mãos dos camponeses, a quem tinham sido cedidas por uma quantia muito modesta. Estas terras eram detidas pela comunidade da aldeia, o *mir*. No entanto, após a lei promulgada por Stolypine[142] em 1906, os camponeses podiam obter títulos de propriedade com os direitos hereditários inerentes. Em 1913, dois milhões de famílias aproveitaram esta oportunidade para adquirir o que ficou conhecido como «Quintas de Stolypine». Cerca de 7 689 027 hectares foram atribuídos a estes camponeses proprietários pelo comité de terras.[143] O Banco Estatal dos Camponeses, que na época era descrito como «a instituição de aquisição de terras mais socialmente benéfica do mundo»,[144] concedia empréstimos a taxas de juro reduzidas, que na verdade não passavam de despesas de gestão. Entre 1901 e 1912, esses empréstimos passaram de 222 milhões de rublos para 1,168 mil milhões de rublos. A produção agrícola disparou, a tal ponto que, em 1913, a Rússia se tinha tornado o celeiro do mundo, como revela o quadro seguinte.

	Produção Mundial	Produção Russa	%
Cevada	1.771,4	750,04	42,3
Aveia	3.324,6	1.087,00	30,3
Centeio	2.378,0	1.593,00	67,0

141 A 13 de março de 1881, o czar Alexandre II foi assassinado em São Petersburgo por membros de uma organização terrorista judaica, *a Narodnaya Volya* (A Vontade do Povo).

142 Piotr Arkadyevich Stolypine (1862-1911) foi primeiro-ministro da Rússia de 1906 a 1911. A 18 de setembro de 1911, foi assassinado por um terrorista judeu, Dmitri Bogrov (nome verdadeiro: Mordechai Gershkovich).

143 G. Buchanan, *My Mission to Russia and Other Diplomatic Memories*, Cassell and Company Limited, Londres, 1923, p. 161.

144 G. Knupffer, *The Struggle for World Power, Revolution and Counter-Revolution*, The Plain-Speaker Publishing Company, Londres, 1971, p. 230.

Trigo	4.971,4	1.554,80	31,2

A produção russa de cereais superou em 25% as colheitas combinadas da Argentina, do Canadá e dos Estados Unidos. Em 1913, a Rússia contava com 37,5 milhões de cavalos – mais de metade da população mundial de equídeos. Produzia também 80% do linho mundial e fornecia mais de 50% das importações mundiais de ovos. A exploração mineira e a produção industrial também geravam margens enormes. Entre 1885 e 1913, a produção de carvão aumentou, passando de 259,6 milhões de poods[145] para 2,159 milhões de poods, a produção de ferro-gusa passou de 25 milhões de poods em 1890 para 1,378 milhões de poods em 1913 e a produção de petróleo cresceu de 491,2 milhões de poods em 1906 para 602,1 milhões de poods em 1916. De 1870 a 1914, na Grã-Bretanha, a produção industrial anual registou um crescimento de 1%, contra 2,75% nos Estados Unidos e 3,5% na Rússia. Durante o período de 1890 a 1913, a atividade industrial quadruplicou e a produção russa conseguiu satisfazer 80% da procura interna de bens manufaturados – um exemplo perfeito de autarquia económica. Ao longo dos últimos 20 anos de reinado imperial pacífico (1895-1914), o Produto Interno Bruto registou um crescimento médio de 10% ao ano.

Com o Banco Estatal Russo a criar a moeda do povo a partir do nada a juros de quase 0%; ao contrário do resto do mundo, onde os bancos centrais privados parasitas criam a moeda das suas respetivas nações cobrando juros usurários ruinosos, não é surpreendente que a Rússia de 1912 fosse a nação com a taxa de tributação mais baixa do mundo. Esses impostos muito baixos atestam também o nível de eficiência do governo russo da época. Além disso, ao longo desse período de sistema bancário estatal, não houve inflação nem desemprego.

Impostos diretos em rublos por habitante

	Impostos do Estado %	Impostos locais %	Total %

[145] 1 poud = 16,38 kg

Grã-Bretanha	10,01	16,74	26,75
Alemanha	5,45	7,52	12,97
França	6,44	5,91	12,35
Áustria	5,12	5,07	10,19
Rússia	1,28	1,38	2,66

Impostos indiretos em rublos por habitante

	Impostos do Estado %	Impostos locais %	Total %
Grã-Bretanha	13,86	-	13,86
Alemanha	9,31	0,33	9,64
França	13,11	2,89	16,00
Áustria	9,9	1,38	11,28
Rússia	5,95	0,03	5,98

Entre 1897 e 1913, as receitas do Estado passaram de 1.400 milhões de rublos-ouro[146] para 3.471 milhões de rublos-ouro. Em 1914, o excedente orçamental ascendia a 512 milhões de rublos-ouro, sem qualquer aumento de impostos. Ao longo do mesmo período, a balança comercial apresentou um excedente. Podemos avaliar a saúde financeira da economia russa observando a tabela comparativa das reservas de ouro abaixo.

Reservas de ouro

	Ouro	Notas de banco
Banco Estatal do Império Russo	1.550	1.494
Banco de França (banco central)	1.193	2.196
Reichsbank (banco central)	411	930
Banco de Inglaterra (banco central)	331	263

Um estudo independente realizado por juristas britânicos concluiu que o Código de Leis e o sistema judicial russo eram «os mais avançados e imparciais do mundo».[147]

[146] 1 rublo = dois xelins de ouro; 9,4 rublos = 1 libra.
[147] G. Knupffer, op. cit., p. 139-140.

Sua Majestade Imperial, o Czar **Nicolau II**. O Banco Estatal do Império Russo proporcionou ao seu povo uma abundância sem precedentes na história da humanidade.

O ensino básico era obrigatório e gratuito até ao nível universitário, onde apenas eram cobradas as propinas. Entre 1906 e 1914, foram abertas 10 000 escolas por ano. As universidades russas eram reconhecidas em todo o mundo pelos seus elevados padrões académicos.

Os russos foram pioneiros em matéria de direito do trabalho. O trabalho infantil foi abolido mais de 100 anos antes de o ter sido na Grã-Bretanha, em 1867. A Rússia foi o primeiro país industrializado a aprovar leis que limitavam as horas de trabalho nas fábricas e nas minas. As greves, que foram proibidas na União Soviética, eram autorizadas, mas pouco comuns na época do czar. Os direitos sindicais foram reconhecidos em 1906, enquanto uma inspeção do trabalho controlava rigorosamente as condições de trabalho nas fábricas. Em 1912, foi introduzida a segurança social. A legislação laboral era tão avançada e humana que o presidente dos Estados Unidos, William Taft, declarou: «O Imperador da Rússia promulgou uma legislação laboral mais próxima da perfeição do que a de qualquer país democrático.»[148]

Os povos de diferentes raças que viviam no seio do Império Russo gozavam de uma igualdade de estatuto e de oportunidades sem paralelo no mundo moderno. Sua Majestade Imperial, o Czar Nicolau II (1894-1917) e o seu banco estatal criaram um paraíso para os trabalhadores sem paralelo na história da humanidade.

A 7 de novembro de 1917, os Rothschild, temendo que a reprodução deste extraordinário modelo de liberdade e prosperidade pusesse em risco o seu império bancário maléfico, provocaram e financiaram uma revolução judaico-bolchevique na Rússia,[149] que devastou e arruinou um país maravilhoso e provocou a morte por assassinato e fome de – segundo Alexandre Soljenitsyne – 66 milhões de pessoas inocentes.[150]

---

[148] Ibid., p. 142.

[149] Winston Churchill, *O sionismo contra o bolchevismo, uma luta pela alma do povo judeu, Sunday Illustrated Herald,* 8 de fevereiro de 1920. Churchill definia a revolução como: «uma conspiração mundial para a derrubada da civilização e para a reconstituição da sociedade com base num desenvolvimento estagnado, numa inveja maliciosa e numa igualdade impossível, [...] que não cessou de crescer... Foi o eixo de todos os movimentos subversivos ao longo do século XIX; e agora, este bando de personalidades extraordinárias das margens das grandes cidades da Europa e da América agarrou o povo russo pelos cabelos e tornou-se praticamente o senhor incontestado deste enorme império.»

[150] Segundo o historiador suíço Jürgen Graf, Soljenitsyne recorreu a um estatístico que

COMO OS ROTHSCHILD CRIARAM A UNIÃO SOVIÉTICA E ASSUMIRAM O SEU CONTROLO

Na sua obra *Wall Street e a Revolução Bolchevique*[151], o autor e professor Antony Sutton, com base em documentos do Departamento de Estado e dos arquivos de banqueiros internacionais americanos, detalha «a aliança entusiástica entre Wall Street e o socialismo marxista»[152]. Sem o apoio financeiro vital da J.P. Morgan Guaranty Trust Company, do Chase National Bank de John D. Rockefeller, da Kuhn Loeb and Company de Jacob Schiff e do banco sueco Nya Banken[153] de Olof Aschberg, a revolução judaico-bolchevique não teria sido possível.

O papel de Maxim Litvinov (1876-1951) é particularmente interessante no que diz respeito ao financiamento da revolução. Nascido Meyer-Genokh Mojsjewicz Wallach-Finkelstein, foi um «revolucionário» que participou na destruição da Rússia Imperial para a entregar aos banqueiros internacionais.

Litvinov iniciou a sua carreira de revolucionário em 1898. Em 1901, foi detido e passou 18 meses na prisão antes de fugir. Em 1903, foram-lhe confiados fundos destinados ao financiamento e à distribuição do jornal do Partido Socialista Democrático Russo, *o Iskra*[154], que era impresso em Londres. Em 1905, Litvinov recebeu outros fundos provenientes de «amigos estrangeiros»[155], o que lhe permitiu adquirir armas – também provenientes de Londres. Posteriormente, Litvinov,

---

estimou o número de mortos em 66 milhões. Na *revista The American Hebrew Magazine*, de 10 de setembro de 1920, foi declarado: «A Revolução Bolchevique na Rússia foi obra do planeamento judeu e do descontentamento judeu. O nosso plano é estabelecer uma Nova Ordem Mundial. O que funcionou tão maravilhosamente na Rússia tornar-se-á uma realidade para o mundo inteiro.»

[151] A. C. Sutton, *Wall Street and the Bolshevik Revolution*, Arlington House Publishers, New Rochelle, Nova Iorque, 1981.

[152] Ibid., 16.

[153] Em 1918, o banco passou a chamar-se Svensk Ekonomiebolaget.

[154] O termo russo para «faísca».

[155] N. Starikov, *Rouble Nationalization The Way to Russia's Freedom*, São Petersburgo, Piter, 2013, 189.

também conhecido pelo apelido de *Papasha* ou Papi[156], tornou-se o ponto de convergência de todos os financiamentos estrangeiros e foi nomeado tesoureiro do partido – uma decisão que Lenine não podia contrariar, porque Litvinov era um representante dos Rothschild, cujo poder excedia o de Lenine. Este último foi simplesmente informado da decisão. Alguns meses mais tarde, durante uma reunião em Genebra, Litvinov foi eleito Secretário dos Transportes Estrangeiros. Lenin foi novamente informado desta decisão. Litvinov nunca foi um verdadeiro revolucionário, mas utilizou antes o bolchevismo como pretexto para promover os objetivos dos seus senhores.

De 1908 a 1918, Litvinov residiu em Londres, graças à ajuda dos seus «amigos ingleses».[157] Durante esse período, desempenhou várias funções. Trabalhou para a editora Williams and Norgate, depois para uma agência de turismo e uma loja de máquinas agrícolas. Essas ocupações proporcionavam-lhe uma cobertura ideal para as suas atividades clandestinas. Em 1914, com o início da Primeira Guerra Mundial, o governo russo pediu a todos os seus cidadãos que regressassem à Rússia para se alistarem no exército. No entanto, as autoridades britânicas permitiram que Litvinov permanecesse no país. Em 1916, Litvinov casou-se com a filha de uma das famílias judias mais ilustres: Ivy Low.

A 3 de janeiro de 1918, Litvinov foi nomeado representante acreditado da Rússia Soviética. Uma das suas primeiras tarefas foi solicitar que o dinheiro depositado no Banco de Inglaterra, pertencente à embaixada czarista, lhe fosse entregue. O banco acedeu ao pedido.

Em setembro de 1918, foi revelada uma conspiração contra os bolcheviques envolvendo o embaixador Robert Bruce Lockhart. Lockhart e Litvinov foram ambos detidos pelos seus respetivos governos e, graças a uma troca, Litvinov regressou a Moscovo. A sua nova missão consistia em «garantir a rápida saída de ouro e joias preciosas provenientes da Rússia»[158]

---

[156] Ibid., 190.
[157] Ibid., 188.
[158] Ibid., 194.

através da Escandinávia, sob o pretexto de um programa de compra de motores a vapor, mais tarde conhecido como «motores de ouro». Um quarto das reservas de ouro da Rússia foi transferido para a Suécia antes de ser reenviado. Era agora o momento da recompensa para os Rothschild.

A 21 de abril de 1921, Litvinov foi nomeado membro do Conselho dos Comissários do Povo para as transações cambiais e a venda de ouro no estrangeiro. «Várias centenas de milhões de [rublos] do nosso ouro passaram pelas minhas mãos antes de serem vendidos no estrangeiro. Eu vendia a maior parte desse ouro através de vários intermediários a grandes empresas francesas que o refundiam na França ou na Suíça; depois, esse ouro chegava ao seu destino final nos cofres da Reserva Federal americana[159] – um banco privado propriedade dos Rothschild! Litvinov tinha-se tornado o «representante autorizado dos banqueiros – os proprietários da Reserva Federal, do Banco de Inglaterra e da Rússia Soviética»[160] Como se pode constatar, a Revolução Bolchevique não foi mais do que um gigantesco exercício de pilhagem por parte dos Rothschild.

Em dezembro de 1921, foi criada a Colónia Industrial Autónoma de Kuzbass. Esta concedia o controlo de um vasto complexo industrial a um grupo de investidores americanos e europeus que o tinham financiado. A partir desse momento, «milhões de rublos em ouro foram transferidos para o estrangeiro sem o pagamento de quaisquer direitos aduaneiros, alegadamente a título de juros auferidos sobre o capital investido pelos banqueiros europeus»[161], apesar de nem todos esses investimentos serem tão avultados.

Em 1924, Joseph Estaline tornou-se o líder da União Soviética, mas Litvinov, que não temia ninguém, continuou a ser uma figura proeminente. A sua indelicadeza para com Estaline era

[159] Ibid., 199.
[160] Ibid., 203.
[161] Ibid., 204.

proverbial.[162] Durante a purga de 1937-1938, quase todos os deputados do de Litvinov foram detidos e fuzilados. Litvinov defendeu a causa de um dos seus amigos mais próximos: Boris Stomonyakov, e informou Estaline de que se responsabilizava por ele. Estaline olhou Litvinov nos olhos e respondeu: «Camarada Litvinov, só podes responsabilizar-te por ti próprio.»[163]

De 1930 a 1939, Litvinov ocupou o cargo de Comissário do Povo para os Negócios Estrangeiros da União Soviética. Em 1939, as relações entre a Alemanha Nacional-Socialista e a União Soviética começaram a aquecer. Esta distensão representava um anátema para os senhores de Litvinov, que guardava a memória pesadelo da Santa Aliança que uniu a Áustria, a Prússia e a Rússia em 1815, bem como da *Dreikaiserbund* (Liga dos Três Imperadores) que Bismarck tinha iniciado entre os mesmos três impérios em 1872. Litvinov interveio, mas, nessa altura, Estaline já estava farto do seu comportamento insolente. A 3 de maio de 1939, ocorreu um golpe de Estado silencioso quando Estaline «destituiu o fantoche da máfia bancária do seu cargo de ministro dos Negócios Estrangeiros».[164]

Graças ao seu próprio banco estatal, o Gosbank, fundado a 16 de novembro de 1921, a União Soviética tinha finalmente conquistado a sua soberania e independência em relação aos banqueiros internacionais. Todos os adjuntos de Litvinov e os seus diretores foram detidos, mas ele próprio foi poupado, pois era intocável. Litvinov foi autorizado a retirar-se para a sua *dacha*, mas foi mantido sob vigilância constante.

[162] Ibid., 205, 206 e 209. Em junho de 1941, durante uma reunião de diplomatas estrangeiros, Litvinov chegou vestido com um sumptuoso fato de lã polar. Estaline perguntou-lhe por que não usava um fato escuro como todos os outros. Litvinov respondeu-lhe em tom de brincadeira: «Foi comido pelas traças».

[163] Ibid., 206.

[164] Ibid., 207.

Maxime Litvinov (nascido Wallach-Finkelstein) foi, durante mais de quarenta anos, o intermediário dos Rothschild. Organizou a pilhagem da Rússia pelos banqueiros internacionais.

Perto do final de 1941, os serviços de Litvinov foram mais uma vez solicitados. Com os alemães a bater à porta de Moscovo, a situação desesperada de Estaline exigia ajuda urgente do Ocidente. Litvinov foi enviado a Moscovo como embaixador soviético. Os americanos estavam relutantes em emprestar dinheiro à União Soviética, mas Litvinov não demorou a resolver tudo e, em poucas semanas, foi concedido um empréstimo de mil milhões de dólares. Foi assinado um acordo de empréstimo e arrendamento e, ao longo dos quatro anos seguintes, foram fornecidas matérias-primas e serviços no valor de 11 mil milhões de dólares.

Litvinov «podia contactar a Casa Branca a qualquer momento e o presidente [Roosevelt] recebia-o imediatamente»[165]. Estes dois lacaios dos banqueiros internacionais sugaram o ouro — da Rússia, por um lado, e do povo dos Estados Unidos, por outro — diretamente para os cofres da Reserva Federal de Rothschild.[166]

Litvinov[167] foi destituído em 1943, quando a guerra virou a favor da Rússia. O seu sucessor no cargo de ministro dos Negócios Estrangeiros, Vyacheslav Molotov, dá-nos uma visão elocuente: «Litvinov demonstrava-nos uma hostilidade total... Merecia a pena mais severa nas mãos do proletariado. Uma punição exemplar.»[168]

Entre[1]e 22 de julho de 1944, os banqueiros internacionais organizaram uma conferência em Bretton Woods, no New Hampshire. O seu objetivo era criar um Banco Mundial e um Fundo Monetário Internacional que regessem as relações entre as nações independentes e mantivessem taxas de câmbio fixas. Os representantes soviéticos participaram na conferência, mas

[165] Litvinov foi embaixador de 10 de novembro de 1941 a 22 de agosto de 1943.

[166] N. Starikov, op. cit., 211. A 5 de abril de 1933, através do Decreto Executivo 6102, o governo dos Estados Unidos confiscou todo o ouro dos seus cidadãos, com exceção das moedas numismáticas, e trocou-o por papel-moeda.

[167] Não é de admirar que Litvinov se tenha recusado a escrever as suas memórias.

[168] F. Chuev e A. Resis, *Molotov Remembers*, Chicago, 1993, 68.

recusaram-se a assinar, declarando que as instituições propostas não passavam de «sucursais de Wall Street».[169] Esta impertinência de Estaline provavelmente provocou a ira dos Rothschild, mas estes pouco podiam fazer enquanto a Alemanha permanecesse invicta.

Entre 17 de julho e 2 de agosto de 1945, realizou-se na Alemanha a Conferência de Potsdam. Esta determinou as novas fronteiras da Europa. A partir desse momento, a União Soviética foi gradualmente isolada e foi o início da Guerra Fria. Estaline não tinha qualquer influência sobre a Europa Ocidental. O seu exército estava completamente exausto e ele já tinha muito que fazer para absorver a Europa Oriental sob a sua hegemonia e para reparar todos os danos sofridos pelo seu país, que ele próprio lhe tinha infligido ao provocar a Alemanha com uma guerra preventiva.[170] De uma perspetiva militar, o lançamento de bombas nucleares sobre Hiroshima e Nagasaki foi desnecessário, pois em janeiro de 1945 o Japão já tentava negociar os termos de uma rendição. O holocausto nuclear respondia a dois objetivos sinistros: (i) punir os japoneses por terem criado o seu próprio banco estatal e (ii) lançar um aviso à União Soviética, que já dispunha de um banco estatal.

A Guerra Fria foi inicialmente travada pelo Ocidente com o objetivo de colocar a União Soviética de joelhos. Estaline, que era mais nacionalista[171] do que comunista, resistiu e foi alegadamente envenenado, antes de ser deixado a morrer a[1] [de]março de 1953 de um AVC para o qual não recebeu qualquer tratamento médico.[172] A partir desse momento, a Guerra Fria

---

[169] E.S. Mason e R.E. Asher, "*The World Since Bretton Woods: The Origins, Policies, Operations and Impact of the International Bank for Reconstruction*", Washington D.C., Brookings Institution, 1973, 29.

[170] Estaline tinha previsto atacar a Alemanha a 6 de julho de 1941. Ver V. Suvorov, *The Chief Culprit Stalin's Grand Design to Start World War II*, Naval Institute Press, Annapolis, Maryland, 2008, 328 pp. Suvorov considera que «a União Soviética perdeu a Segunda Guerra Mundial», 280.

[171] Ver K. Bolton, *Stalin, The Enduring Legacy*, Black House Publishing, Londres, 2012, 164 pp.

[172] S.S. Montefiore, *Stalin: The Court of the Red Tsar*, Weidenfeld & Nicolson,

degenerou numa farsa, pois o Ocidente, e em particular os Estados-, investiram fortemente na União Soviética. Foram realizados investimentos significativos na fábrica de Gorki, que fabricava camiões Ford, bem como no maior complexo automóvel do mundo, em Volgogrado, de onde saíam os automóveis Fiat. Houve também financiamentos significativos nos setores da aviação, da informática e da eletricidade. A União Soviética tornou-se um destino de eleição em matéria de investimentos lucrativos.

Os russos alistaram-se no exército, mas com 50% do seu orçamento destinado a armamento, tratava-se de uma guerra que não podiam vencer a longo prazo. Isso explica por que razão o nível de vida na União Soviética nunca igualou o do Ocidente, com exceção do setor dos serviços públicos, como a educação e a habitação.

Em 1991, a União Soviética implodiu e um grupo de conselheiros chegou dos Estados Unidos para introduzir as maravilhas do livre comércio capitalista, que incluíam o imposto sobre o rendimento e a usura. O objetivo principal desses conselheiros era «apresentar a lei sobre o Banco Central da Rússia no momento certo, o que causou mais danos do que um exército de invasores no que diz respeito à perda de soberania da Rússia».[173]

Durante quase 200 anos, os czares e os soviéticos resistiram, mas, por fim, a Rússia caiu inteiramente nas mãos dos Rothschild.

Londres, 2005, pp. 651-665. O acidente vascular cerebral de Estaline poderá ter sido provocado pela ingestão de varfarina, um anticoagulante, que lhe foi adicionada ao vinho nos dias que antecederam a sua morte.

[173] N. Starikov, op. cit., 182-183.

A RESPONSABILIDADE DOS ROTHSCHILD NA GUERRA DOS BÔERES.

Ao longo do século XIX, o sistema monetário mundial assentava no padrão-ouro, que tinha sido desenvolvido e mantido pelos Rothschild. A descoberta de vastos campos auríferos no Witwatersrand criou uma nova fonte de extração que tinha de ser controlada para que este sistema financeiro desonesto sobrevivesse. Infelizmente para os Rothschild, estas novas minas estavam situadas no território da *República da África do Sul* independente.

Imediatamente, uma multidão de migrantes e especuladores afluiu ao país. Alguns deles eram britânicos, mas uma grande parte era composta principalmente por «judeus russos, polacos e alemães, com tendência para a itinerância e sem qualquer apego ou enraizamento num país em particular.»[174] Os proprietários das minas de ouro eram, assim, quase sempre judeus. A empresa dominante no setor era o Grupo Eckstein, cujo nome deriva do seu diretor, Hermann Eckestein. Esta combinação incluía a Consolidated Goldfields e a S. Neumann & Co. O professor John Atkinson Hobson escreve em *The War in South Africa Its Causes and Effects* que «os Rothschild detinham a maioria das ações da Goetz & Co.» e que «os Rothschild estavam por trás da Exploration Company, que era de facto dirigida por Wernher, Beit e Rothschild. »[175] Além disso, acrescenta que o monopólio da dinamite e «o rico e poderoso comércio de bebidas alcoólicas, legal e ilegal, estava inteiramente nas mãos dos judeus»; «é desnecessário precisar que a bolsa está inteiramente nas mãos dos judeus» e «que a imprensa de Joanesburgo, d, é principalmente o seu feudo

[174] J.A. Hobson, *The War in South Africa Its Causes and Effects*, James Nisbet & Co., Limited, Londres, 1900, 70. Hobson refere na página 12 que no Johannesburg Directory de 1899 constavam 24 Joneses, 53 Browns e 68 Cohens.

[175] Ibid., 193. Ver também R. Rudman, *England Under The Heel Of The Jew*. Este panfleto de 21 páginas foi extraído de uma obra com o mesmo título, escrita em 1918 pelo Dr. John Henry Clarke, um médico, e publicada por C.F. Roworth em Londres. Apresenta um relato eloquente da conspiração urdida pelos proprietários judeus para derrubar o governo de Kruger.

privado».[176]

Desde o início da década de 1890, os trabalhadores e especuladores estrangeiros eram mais numerosos do que os bôeres. Em 1896, após o ataque fracassado de Jameson, que tentou derrubar o governo do Transvaal, a Liga Sul-Africana foi fundada como fachada para agitar a opinião pública a favor do direito de voto dos *uitlanders* ou outlanders, os estrangeiros. A fim de proteger o seu estatuto, os bôeres pretendiam conceder-lhes o direito de voto apenas após um período de 14 anos de residência. A 30 de maio de 1899, durante uma conferência realizada em Bloemfontein, a capital do Estado Livre de Orange, o presidente Paul Kruger ofereceu reduzir o período de residência para sete anos. O Alto-Comissário britânico, Sir Alfred Milner, não se resignou e afirmou que, na sua opinião, seria «a reforma ou a guerra».[177] Por fim, Kruger, «tomando a cabeça entre as suas mãos largas, com lágrimas a escorrerem pelas suas bochechas barbadas»[178], gritou angustiado: «É o meu país que vocês querem!»[179]

Em setembro de 1899, por provocação, os britânicos concentraram as suas tropas a sul da fronteira do Transvaal. A 9 de outubro de 1899, um pedido para que «o governo de Sua Majestade cessasse a concentração das suas tropas nas fronteiras da República e o envio de reforços militares provenientes de todo o Império Britânico»[180] foi ignorado. Dois dias depois, a guerra eclodiu.

Embora os bôeres dispusessem apenas de um exército de amadores a cavalo, realizaram feitos iniciais extraordinários. No entanto, acabaram por ser superados pelo armamento adversário, encontrando-se simultaneamente em inferioridade numérica. A partir de junho de 1900, os bôeres recorreram à

[176] Ibid., 193.
[177] P.J. Pretorius, *Volksverraad*, Libanon-Uitgewers, Mosselbaai, Western Cape, 1996, 58.
[178] R. Kraus, *Old Master Thereof Jan Christian Smuts*, E.P. Dutton & Co. Inc., Nova Iorque, 1944, 92.
[179] T. Pakenham, *The Boer War*, Jonathan Ball Publishers, Londres, 1979, 68.
[180] S.M. Goodson, *General Jan Christian Smuts The Debunking of a Myth*, Bienedell Uitgewers, Pretória, 2013, 11.

guerrilha. Um minúsculo contingente de 6.000 homens foi capaz de conter quase 450.000 soldados provenientes do maior império mundial.

O armistício foi assinado em Vereeniging, a 31 de maio de 1902. A guerra foi um desastre absoluto para os bôeres. Durante uma operação de terra queimada sem precedentes, as propriedades dos bôeres foram arrasadas, os poços envenenados, os seus rebanhos massacrados (principalmente cortando-lhes os tendões «para poupar munições») e as suas mulheres violadas. 25 cidades foram destruídas. 136 000 mulheres e crianças foram confinadas em 46 campos de concentração feitos de tendas, onde no inverno a temperatura descia abaixo de zero. 34 000 delas morreram de desnutrição e de condições de higiene deploráveis. 75% delas tinham menos de 16 anos.

Os britânicos também sofreram pesadas perdas, com 21 942 mortos (35% em combate, 65% por doenças) e 22 829 feridos. Os banqueiros tiveram a satisfação de ter financiado a guerra com um montante de 222 milhões de libras, aumentando assim a dívida pública da Grã-Bretanha em 132 milhões de libras. Para os Rothschild, a Guerra Anglo-Boer foi uma vitória total.

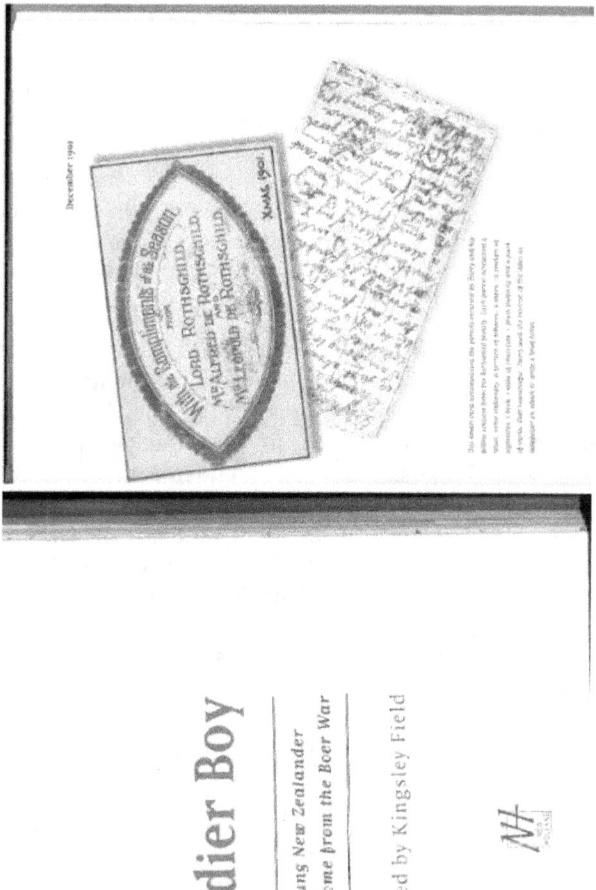

Um cartão de felicitações enviado pelos **Rothschild**. Em dezembro de 1901, os Rothschild enviaram às suas «tropas» em combate um cesto de Natal contendo material de escrita, uma porção de tabaco, um cachimbo, 12 maços de cigarros, um livro, um bolo de chocolate, um pudim e um baralho de cartas.

O BANCO DO COMMONWEALTH DA AUSTRÁLIA

O Banco da Commonwealth da Austrália foi inspirado por King O'Malley, um americano que descobriu o segredo do sistema bancário de reservas fracionárias enquanto trabalhava no banco do seu tio em Nova Iorque na década de 1880. Quando perguntaram ao primeiro governador do banco, Sir Dennison Miller, onde iria arranjar o capital para o seu banco, ele respondeu: «Que capital? Não preciso de capital, o meu capital é a riqueza e o crédito de toda a Austrália.»[181]

Com um adiantamento de 10 000 libras do governo, que foi rapidamente reembolsado, o Banco da Commonwealth da Austrália foi fundado a 15 de julho de 1912. Embora constituído como um banco privado, funcionava como um banco estatal, possuindo todo o poder para gerir os seus negócios como qualquer outro banco, incluindo o de servir como caixa de poupança. Além disso, o banco estava autorizado a angariar capitais através da venda de obrigações garantidas pelo crédito da nação. Os seus lucros eram repartidos equitativamente por dois fundos – um fundo de reserva para honrar os compromissos assumidos pelo banco e um fundo de reembolso para pagar as obrigações ou ações emitidas pelo banco. Posteriormente, 50% dos seus lucros eram destinados ao reembolso da dívida nacional.

[181] R. Gollam, op. cit., fornece as origens detalhadas dos acontecimentos que conduziram à criação do banco.

King O'Malley (1854-1953), que foi o inspirador da criação do banco estatal da Austrália, o Commonwealth Bank of Australia.

Durante 12 anos, apesar da Primeira Guerra Mundial (1914-1918), a Austrália viveu um dos seus maiores períodos de prosperidade. Ao conceder empréstimos ao governo a uma taxa de juro nominal de 2/3 de um por cento ao ano, o banco permitiu que o país investisse num vasto programa de infraestruturas. Um montante de 18,72 milhões de dólares australianos foi destinado à construção de barragens e do sistema de irrigação do rio Murrumbidgee, da ferrovia transcontinental, de centrais elétricas, de fábricas de gás, de portos, de estradas e de linhas de elétrico. Além disso, o cultivo de frutas, o trigo e as colheitas de lã dos agricultores foram financiados no valor de 3 milhões de dólares australianos a uma taxa de juro nominal. Foram disponibilizados 4 milhões de dólares australianos para a compra de 15 navios a vapor, a fim de organizar as crescentes exportações da Austrália, e 8 milhões de dólares australianos foram dedicados à habitação. A Primeira Guerra Mundial custou 700 milhões de dólares australianos à Austrália, mas foi financiada pelo Banco sob a forma de dívida sem juros.

Este período de prosperidade fenomenal chegou ao fim em 1924, quando uma lei, que colocou o controlo do Banco nas mãos de um conselho de administração composto por um Governador, um Secretário do Tesouro e seis outras pessoas ativamente envolvidas nos setores agrícola, financeiro e industrial, nomeadas para mandatos de duração variável, foi aprovada por Stanley Melbourne Bruce, o primeiro-ministro d o (1924-1929) e o Dr. Earle Page, seu parceiro de coligação.[182] Bruce foi frequentemente suspeito de ter recebido subornos, pois o que fez foi completamente contra os interesses do povo australiano. Durante o seu mandato, o governo australiano contraiu um empréstimo de 230 milhões de libras junto da City de Londres[183] e, em 1927, as dívidas federais e estaduais tinham ambas atingido o montante de 1 bilhão de libras e o orçamento estava deficitário.[184]

A 10 de outubro de 1924, a lei foi promulgada. Teve como efeito colocar o Banco sob o controlo de um grupo de homens, que mais tarde o privaram do direito de emitir a moeda da nação sem dívida e sem juros. Em 1927, o Banco perdeu as suas sucursais de caixa de poupança e, embora continuasse autorizado a emitir notas e, assim, a obter um mínimo de senhoriagem, tornou-se posteriormente um banco central a operar em benefício exclusivo dos bancos privados. A traição final do Banco ocorreu a 20 de março de 1947, quando a Câmara dos Representantes aprovou, por 55 votos contra 5, o seu estatuto de membro do Fundo Monetário Internacional, submetendo-se assim aos decretos e ditames do Banco de Pagamentos Internacionais, controlado por Rothschild.

A PRIMEIRA GUERRA MUNDIAL

A Primeira Guerra Mundial foi desencadeada a 28 de junho de 1914, quando Gavrilo Princip, de suposta origem judaica e membro do grupo terrorista Mão Negra, assassinou o arquiduque Francisco Fernando, herdeiro do trono austríaco, e a sua esposa checa em Sarajevo, na Bósnia-Herzegovina. Princip era um colaborador de Leon Trotsky (cujo nome

[182] Bruce e Earle eram os líderes dos dois partidos políticos, respetivamente o Nacional e o Rural.

[183] S. McIntyre, *A Concise History of Australia*, Cambridge University Press, Melbourne, 2009, p. 168.

[184] I. M. Cumpston, *Lord Bruce of Melbourne*, Longman Cheshire, Melbourne, 1989, p. 74.

verdadeiro era Lev Davidovich Braunstein),[185], um judeu russo que conspirava com o seu camarada judeu Vladimir Lenin (rebatizado de Ulyanov na adoção, mas cujo nome verdadeiro era Zederbaum)[186] para derrubar a monarquia russa. Este, por sua vez, foi financiado pelo judeu americano Jacob Schiff,[187], que era o testa-de-ferro do judeu inglês Lord Walter Rothschild, o arquiteto desta terrível catástrofe. Estes factos foram confirmados perante o Senado dos Estados Unidos em 1921, quando se afirmou que «a plena responsabilidade pela Primeira Guerra Mundial recaía sobre os ombros dos banqueiros judeus internacionais. Eles são responsáveis por milhões de mortos.»[188] No final de outubro de 1926, outra

[185] Quanto à suposta origem de Princip, ver W. G. Simpson, *Which Way Western Man?*, Yeoman Press, Nova Iorque, 1978, p. 682, onde cita a obra de Léon de Poncins, *Les Forces Secrètes de la Révolution*, Éditions Saint-Rémi, que por sua vez cita os arquivos do julgamento do assassino. Ver também, a *Symphonie Rouge* de J. M. Landowsky, Hadès Éditions, um interrogatório realizado pela NKVD (a polícia secreta de Estaline) a Christian G. Rakovsky (cujo nome verdadeiro era Chaïm Rakover), onde este confessa que Trotski esteve por trás do assassinato do arquiduque Fernando e que a estrela de cinco pontas soviética representa as cinco sucursais dos irmãos Rothschild (Frankfurt, Londres, Nápoles, Paris e Viena.)

[186] O pai de Lenine era um buriáto, um russo não étnico. O seu bisavô materno era Moishe Itskovich Blank e o seu avô Srul Moisevich Blank. Este último mudou o seu nome próprio para Alexandre. Zev Ben-Shlomo, a vida e o legado de Lenine, Dimitri Volkogonov, *Jewish Chronicle*, Londres, 4 de abril de 1995. A mãe judia de Lenine era Maria Blank. Quando os seus pais morreram, ele e o seu irmão foram adotados por uma família judia. Em 1929, a irmã de Lenine, Anna Uliánova-Yelizarov, propôs a Estaline que a sua ascendência fosse revelada, a fim de combater o antissemitismo endémico e incutir nas massas «o espírito revolucionário judeu». Apesar de Lenin ter sido supostamente venerado pelas massas, Estaline pediu-lhe que mantivesse o segredo, pois essa revelação corria o risco de fazer com que todos compreendessem que a Revolução Bolchevique era 100% judaica. Jesse Zel Lurie, «Lenin era um judeu secreto», *Bronward Jewish Journal*, 25 de fevereiro de 1992. De acordo com uma reportagem publicada no *The Times*, em 10 de maio de 1920, baseada em fontes soviéticas, 458 dos 556 principais funcionários do regime eram judeus, o equivalente a 82,4%. O autor visitou um dos últimos museus de Lenine em Tampere, na Finlândia, onde Lenine planeou a Revolução de Novembro de 1905 na Rússia.

[187] Ver Anthony C. Sutton, *Wall Street e a Revolução Bolchevique*, Le Retour aux Sources 2010.

[188] Arquivos do Congresso dos Estados Unidos, 67.ª, 4.ª sessões, Documentos do Senado n.º 346, 1921. Em 1928, o escritor judeu Marcus Élie Ravage escreveu o seguinte: «Ainda não começaram a compreender plenamente a verdadeira profundidade da nossa culpa. Nós somos os intrusos. Nós somos os pervertidores. Apropriámo-nos do vosso mundo natural, dos vossos ideais, do vosso destino e devastámo-los. Fomos a origem, não apenas da última grande guerra [a 1.ª Guerra Mundial], mas de quase todas as vossas guerras; não apenas da Revolução Russa, mas de todas as grandes revoluções da vossa história. Semamos discórdia e confusão e plantámos a frustração nas vossas vidas pessoais e públicas. Continuamos a fazê-lo. Ninguém pode dizer por quanto tempo continuaremos a

confirmação destes factos irrefutáveis foi revelada numa conversa entre o parlamentar britânico Victor H. Cazalet e Henry Ford (1863-1947). Quando este último lhe perguntou quem eram os financistas judeus internacionais, ele respondeu: «Tenho vários livros que lhe dirão quem eles são. Eles foram responsáveis pela última guerra e, no futuro, serão sempre capazes de criar uma guerra quando sentirem necessidade.»[189]

Henry Ford, o pioneiro da indústria automóvel, identificou os banqueiros judeus internacionais como os instigadores da Primeira Guerra Mundial, expressando as suas análises no artigo *«O Judeu Internacional»*, publicado pelo jornal *Dearborn Independent.*

fazê-lo.» *The Century Magazine*, janeiro de 1928, Vol. 115, N.º 3, p. 346-350, citado por B. Klassen em *The White Man's Bible, The Church of the Creator*, Otto, Carolina do Norte, 1981, p. 287-289.

189 A. N. Field, *The Truth About the Slump – What the News Never Tells*, Publicação privada, Nelson, Nova Zelândia.

As rivalidades comerciais, o jogo de alianças e as posições mal compreendidas são frequentemente apresentados como as principais causas da Primeira Guerra Mundial. No entanto, as verdadeiras razões, por ordem de importância, foram as seguintes:

1) Destruir o Império Russo e o seu Banco Estatal

2) Desmantelar os outros impérios (austro-húngaro, alemão e otomano), dividindo-os em estados mais pequenos, que poderiam então ser mais facilmente explorados através da criação de bancos centrais.

3) Apropriar-se da Palestina e criar um Estado-fantoche sionista sob o controlo direto dos Rothschild.[190]

No final de 1916, os exércitos britânico e francês corriam o risco de perder a guerra, tendo os franceses já se amotinado na Frente Ocidental. Os britânicos já tinham perdido a sua supremacia marítima na Batalha da Jutlândia, a 3 de maio de 1916, quando a marinha alemã, em desvantagem numérica de um contra dois, humilhou a invencível Royal Navy, afundando 12 navios e perdendo 6, sofrendo baixas de 2.551 marinheiros contra as infligidas aos britânicos, que ascenderam a 6.094.[191] Os dois Kaisers tentaram desesperadamente pôr fim a este massacre fratricida inútil. Surgiu então uma oferta de Lord Rothschild garantindo o apoio da América em troca da atribuição da Palestina a um grupo de judeus sionistas após a liquidação do Império Otomano.[192]

A 6 de abril de 1917, os Estados Unidos declararam guerra à Alemanha[193] e às outras potências centrais e, a 2 de novembro

[190] N. Ferguson, *The House of Rothschild, The World's Banker 1849-1999*, Vol. 2, Penguin Books, Londres, 1999, p. 449.

[191] Léon Degrelle, *Hitler nascido em Versalhes*, Vol. 1 de *O Século de Hitler*.

[192] O movimento dos Jovens Turcos, que organizou a queda do Império Otomano, era constituído principalmente por judeus *donmeh* (termo turco para «convertido»), que seguiam o culto judaico do sabatismo, fundado por Sabbatai Tsevi em meados do século XVII. P. Papaherakles, Os Jovens Turcos e o massacre de 117 milhões de brancos, *The Barnes Review*, Washington, D. C. Vol. XVIII, n.º 2, março/abril de 2012, pp. 22-31.

[193] Num discurso proferido no Willard Hotel, em Washington, D.C., em 1961, Benjamin Freedman (Friedman), um antigo judeu convertido ao catolicismo romano, confirmou a forma como os judeus alemães traíram a Alemanha durante a Primeira Guerra Mundial,

de 1917, Lord Rothschild e os seus colaboradores sionistas receberam por escrito da Grã-Bretanha a garantia de que a Palestina seria concedida aos colonos judeus.[194] Este documento tristemente famoso, conhecido como a Declaração Balfour, foi redigido por Lord Arthur James Balfour, o Secretário de Estado britânico, e pelo general Jan Christian Smuts, um membro do Gabinete Imperial de Guerra.

enganando os Estados Unidos, forçando-os a aliar-se à Inglaterra em troca da promessa futura da Palestina.

[194] Mais de 98% dos colonos sionistas na Palestina são ashkenazis, não tendo absolutamente nenhuma ligação étnica semítica com o território. São descendentes do reino dos khazares, que se situava a sul da Rússia, na região da atual Geórgia. Os cazares foram alvo de uma conversão em massa ao judaísmo pelo seu monarca, o rei Bulan, no século VIII d.C. Uma confirmação pode ser encontrada num artigo sobre craniometria do Dr. Maurice Fishberg na *Jewish Encyclopaedia* IV, 1902, p. 331-335. Este estudo, que abrangeu cerca de 3000 crânios judeus provenientes de vários países ao longo de um período de 20 anos, revelou que estes pertenciam à categoria da braquicefalia, ou cabeça larga, com um índice de 80; em contraste com as cabeças dos árabes, que são dolicéfalas, ou de cabeça longa. Ver também Arthur Koestler, *A Décima Terceira Tribo: o Império Khazar e o seu legado*. Random House, 1976, p. 255. E Shlomo Sand, *Como o povo judeu foi inventado*, Verso, 2009, p. 344 e *Como a terra de Israel foi inventada: Da Terra Santa à pátria*, Verso, 2012, p. 304. A 5 de dezembro de 2012, um estudo redigido pelo Dr. Eran Elhaik, investigador e geneticista da Faculdade de Medicina da Universidade Johns Hopkins, foi publicado pela Oxford University Press em nome da Sociedade de Biologia Molecular e Evolução, e confirmou que a «tese dos Khazares» é cientificamente correta.

Foreign Office,
November 2nd, 1917.

Dear Lord Rothschild,

I have much pleasure in conveying to you, on behalf of His Majesty's Government, the following declaration of sympathy with Jewish Zionist aspirations which has been submitted to, and approved by, the Cabinet

"His Majesty's Government view with favour the establishment in Palestine of a national home for the Jewish people, and will use their best endeavours to facilitate the achievement of this object, it being clearly understood that nothing shall be done which may prejudice the civil and religious rights of existing non-Jewish communities in Palestine, or the rights and political status enjoyed by Jews in any other country"

I should be grateful if you would bring this declaration to the knowledge of the Zionist Federation.

Arthur James Balfour

A carta de Lord **Arthur Balfour** a Lord **Walter Rothschild**, o líder da Federação Sionista, confirmando o apoio britânico à criação de um Estado sionista na Palestina.

O banho de sangue provocado por esta guerra inútil prolongou-se por mais dois anos. A Rússia ficou totalmente destruída e criou-se um problema insolúvel no Médio Oriente. Como o rabino Reichorn observou profeticamente em 1859: «As guerras são as colheitas dos judeus, pois graças a elas exterminamos os cristãos e tomamos o controlo do seu ouro. Já matámos 100 milhões. Arrastraremos os cristãos para outras guerras, explorando o seu orgulho nacional e a sua estupidez. Eles massacrar-se-ão então entre si, abrindo assim mais espaço para o nosso povo. »[195] Na mesma linha, Gutle Schnapper, a

195 *Le Contemporain*, 1 de julho de 1880.

esposa de Mayer Amschel Rothschild, declarou pouco antes de morrer, em 1849: «Se os meus filhos não tivessem querido a guerra, não teria havido nenhuma.»[196]

Um armistício foi assinado a 11 de novembro de 1918 e, sete meses depois, a 28 de junho de 1919, foi assinado o Tratado de Versalhes, profundamente viciado. A Alemanha teve de aceitar assumir a culpa exclusiva e pagar reparações exorbitantes de 6,6 mil milhões de libras[197], o equivalente a toda a riqueza do país, embora os outros beligerantes, Inglaterra, França e Rússia, fossem igualmente — se não mais — culpados. Essa indemnização seria utilizada para reembolsar aos banqueiros internacionais os empréstimos fraudulentos e os juros fictícios que tinham sido concedidos aos governos da Grã-Bretanha e da França. Como o General Smuts declarou na conferência: «Tudo o que fizemos aqui é muito pior do que o Congresso de Viena. Os estadistas de 1815 sabiam, pelo menos, o que se passava. Os nossos políticos não fazem a menor ideia.»[198]

[196] N. Ferguson, op. cit., p. 20.
[197] De acordo com a calculadora de inflação do Banco de Inglaterra, 6,6 mil milhões de libras correspondiam a 289 mil milhões de libras em 2012.
www.bankofengland.co.uk/education/Pages/inflation/calculator/flash/default.aspx
[198] Léon Degrelle, op. cit., p. 335.

CAPÍTULO V

A Grande Depressão

«O Capital deve proteger-se de todas as formas possíveis, tanto através de manobras como da legislação. As dívidas devem ser pagas, as hipotecas devem ser executadas o mais rapidamente possível. Quando, através do processo legal, as pessoas comuns perdem as suas casas, tornam-se mais dóceis e mais facilmente governáveis pelo braço secular do governo, movido por um poder central exercido pelos ricos sob a direção dos financistas. Estas verdades são bem conhecidas pelos nossos agentes, que se empenham agora em formar um imperialismo para governar o mundo. Ao dividir os eleitores através do sistema de partidos políticos, obrigamo-los a gastar as suas energias e a lutar por questões insignificantes. É assim, através da ação discreta, que conseguiremos assegurar para nós o que já foi tão bem planeado e realizado com tanto sucesso.»

- Montagu Norman, Governador do Banco de Inglaterra, dirigindo-se à Associação de Banqueiros dos Estados Unidos, em Nova Iorque, em 1924.

No início do século XX, existiam apenas 18 bancos centrais: O Riksbank sueco (1668), o Banco de Inglaterra (1694), o Banco de Espanha (1782), o Banco de França (1800), o Banco da Finlândia (1812), o Banco dos Países Baixos[199] (1814), o Banco da Noruega (1816), o Banco da Áustria (1816), o Banco da Dinamarca (1818), o Banco de Portugal (1846), o Banco da Bélgica (1850), o Banco da Indonésia (anteriormente Banco de Java) (1865), o Reichsbank alemão (1876), o Banco Nacional da Bulgária (1879), O Banco Nacional da Roménia (1880), o Banco do Japão (1882), o Banco Nacional da Sérvia (1884) e o Banco de Itália (1893).

Em 1922, realizou-se uma conferência em Génova, de 10 de abril a 19 de maio, na qual estiveram presentes todos os chefes de Estado, os governadores d, do Banco de Inglaterra, do

[199] *O De Nederlandsche Bank* foi precedido pelo *Amterdamsche Wisselbank*, fundado em 1609 por Dirck van Os, podendo assim ser considerado o primeiro banco central do mundo.

Banco de França e da Reserva Federal de Nova Iorque, bem como uma multidão de banqueiros internacionais. Nessa conferência, foi decidido criar bancos centrais em todos os países que ainda não os possuíam. O governador do Banco da Inglaterra, Montagu Norman,[200], insistiu no facto de que os bancos centrais deveriam ser independentes dos seus governos.[201] A. N. Field relata este evento significativo na sua obra *All These Things*:

> «Apesar da audácia destes procedimentos, eles foram um sucesso total. Os economistas a soldo descobriram com satisfação que os bancos de reserva eram instrumentos científicos maravilhosos, os jornais juntaram-se aos aplausos e os políticos dos vários estados comportaram-se como guardiões disciplinados a conduzir as ovelhas para o matadouro. O facto de os financistas não serem, de forma alguma, funcionários públicos, mas sim simples agentes pagos pelos acionistas de uma empresa bancária e cujos interesses não têm a menor relação com o interesse nacional.»[202]

O BANCO DE PAGAMENTOS INTERNACIONAIS

O número de novos bancos centrais aumentou, particularmente «após a criação do Banco de Pagamentos Internacionais em Basileia, em 1930, [quando] os bancos centrais de reserva (mais ou menos independentes dos governos dos países em que se situavam) [surgiram] como cogumelos por todo o mundo, no meio da aprovação unânime dos governos e d s seus povos, ambos enganados por esses bancos com a intenção de os

[200] Montagu Norman, um maçom, era muito reservado e agia frequentemente de forma clandestina. Quando viajava para o estrangeiro, adotava o pseudónimo de Professor Skinner. Tratava-se do nome do seu secretário, Ernest Skinner. Ao longo do seu mandato, nunca visitava um país que não tivesse um banco central e nunca iniciava uma conversa com um governador de um banco central na presença de um ministro das finanças estrangeiro. R. S. Sayers, *The Bank of England 1891-1944*, Cambridge University Press, Cambridge, 1976, pp. 159-160.

[201] A. N. Field, *All These Things*, Omni Publications, Hawthorne, Califórnia, 1936, p. 7.

[202] D. J. Amos, *The Story of the Commonwealth Bank*, Veritas Publishing Company Pty Ltd, Bullsbrook, Austrália, 1986, p. 27.

subjugar.[203]

O objetivo original do BRI era facilitar o pagamento das reparações de guerra pela Alemanha, nos termos do Tratado de Versalhes, mas assim que os efeitos da Grande Depressão — desencadeada artificialmente — começaram a fazer-se sentir, e os Nacional-Socialistas tomaram o poder em janeiro de 1933, todos os pagamentos foram suspensos e o BRI teve de encontrar uma nova orientação, nomeadamente a promoção da cooperação monetária. Na realidade, o BRI orienta e dirige o sistema financeiro global através dos bancos centrais de cada país, dos quais 60 lhe estão diretamente afiliados.

A sede do banco fica em Basileia, na Suíça, e está atualmente localizada num edifício de 18 andares, que se assemelha à torre de refrigeração de uma central elétrica. Trata-se do banco central dos bancos centrais; os seus dirigentes não são eleitos e não prestam contas a ninguém; os seus estatutos garantem-lhe imunidade em relação às leis nacionais e fiscais e dispõe das suas próprias forças policiais privadas. Além disso, ao abrigo de um acordo celebrado com o Conselho Federal Suíço, os arquivos do banco, bem como todos os seus documentos e dados eletrónicos, são invioláveis em qualquer momento e em qualquer lugar. Este acordo remonta ao artigo X, n.º 2, do Protocolo de Haia, assinado em 31 de agosto de 1929, que especifica: «O Banco, os seus bens e ativos, bem como os depósitos ou outros fundos que lhe são confiados, no território de, ou dependentes da administração de... permanecem isentos de qualquer deficiência e de qualquer medida restritiva, tais como a censura, requisições, apreensão ou confiscação, em tempo de paz ou de guerra, bem como isento de qualquer medida de retaliação, proibição ou restrição à exportação de ouro ou divisas e outras interferências, restrições ou proibições semelhantes.» As suas reuniões bimestrais, onde se discute a economia mundial, são realizadas em absoluto sigilo. Não há nenhuma ordem de trabalhos escrita, a menos que um dos estatutos do banco exija uma revisão, e as atas não são guardadas. As principais funções do banco são oficialmente:

[203] Ibid., p. 8.

(i) Facilitar a colaboração entre os bancos centrais por meio de acordos.

(ii) Promover a estabilidade financeira

(iii) Procurar soluções políticas

(iv) Atuar como contraparte nas transações financeiras dos bancos centrais.

(v) Atuar como agente ou administrador em relação às operações financeiras internacionais.

No entanto, a verdadeira natureza do BRI foi revelada na obra *Tragedy and Hope*, escrita por um membro da instituição, o professor Carroll Quigley da Universidade de Georgetown, que explicou:

> «Para além de todos estes objetivos pragmáticos, as forças do capitalismo financeiro alimentavam um objetivo de grande envergadura: nada menos do que criar um sistema mundial de controlo financeiro nas mãos de entidades privadas, capaz de dominar o sistema político de cada país e a economia mundial na sua totalidade. Este sistema deveria ser controlado de forma feudal pelos bancos centrais de todo o mundo, agindo em conjunto por meio de acordos secretos celebrados em frequentes reuniões e conferências. O vértice do sistema deveria ser o Banco de Pagamentos Internacionais em Basileia, na Suíça, um banco privado detido e controlado pelos bancos centrais do mundo, que são eles próprios organismos privados. Cada banco central, nas mãos de homens como Montagu Norman do Banco de Inglaterra, Benjamin Strong da Reserva Federal de Nova Iorque, Charles Rist, do Banco de França, e Hjalmar Schacht, do Reichsbank, procurava dominar o seu governo através da sua capacidade de controlar os empréstimos do Estado, manipular o comércio externo, influenciar o nível de atividade económica no país e recompensar os políticos cooperantes com cargos influentes no mundo dos

negócios.»[204]

A ilusão e a realidade – uma fila de desempregados em Chicago, em 1937.

Tal como o professor Quigley tinha previsto em 1966, o objetivo final do BRI é uma moeda mundial única, um único sistema económico mundial e um governo mundial, onde as leis nacionais já não se aplicam nem se justificam. O controlo do Banco está nas mãos da Casa Rothschild através dos seus investimentos em vários bancos centrais e outros bancos privados.

Após a Segunda Guerra Mundial e a dissolução dos impérios coloniais europeus, uma vez que estes já não eram economicamente viáveis e apresentavam melhores perspetivas de exploração através de empréstimos internacionais,[205] verificou-se uma proliferação de bancos centrais, cujo número ascende atualmente a 155. Oito destes bancos encontram-se inteiramente sob controlo privado: o Banco Nacional da Bélgica, o Banco da Grécia, o Banco de Itália, o Banco do Japão, o Banco de Reserva da África do Sul, o Banco Nacional

[204] Carroll Quigley, *Tragedy and Hope, A History of the World in Our Time,* The Macmillan Company, Nova Iorque, 1966, p. 324.

[205] Para uma descrição da forma como o Banco Mundial e o FMI, em particular, através do programa de ajustamentos estruturais deste último, exploraram os países em desenvolvimento com empréstimos estrangeiros, ver P. T. Bauer, *Equality, the Third World, and Economic Delusion,* Harvard University Press, Cambridge, Massachusetts, 1981, p. 304, e J. Perkins, *Confissões de um Assassino Financeiro,* Alterre, 2005.

Suíço, o Banco Central da República da Turquia e a Reserva Federal dos Estados Unidos. A criação coordenada de todos estes bancos centrais prova, sem a menor dúvida, que todos fazem parte de um «conglomerado bancário internacional».[206]

A RESERVA FEDERAL DOS ESTADOS UNIDOS

Entre 1820 e 1910, apesar de ter havido uma subida temporária dos preços durante a Guerra Civil (1861-1866), o dólar manteve o seu poder de compra, ou seja, um dólar valia ainda um dólar 90 anos mais tarde. No entanto, bastaram seis anos para que a Reserva Federal destruísse o valor do dólar. Entre 1914 e 1920, os preços aumentaram 125%, reduzindo o seu valor em 56,1%.

Antes de voltarmos a nossa atenção para a Grande Depressão, deve ser feita uma breve análise das causas da primeira grande deflação. A fim de controlar os preços, realizou-se uma reunião bancária secreta a 18 de maio de 1920 em Washington D.C., sob o título enganador de Comité Metódico da Deflação da Associação de Banqueiros Americanos.[207] Por ordem da Reserva Federal, sem aviso prévio nem advertência, a taxa de desconto passou rapidamente de 2% para 9% e mais. Simultaneamente, a Reserva Federal começou a vender agressivamente títulos do Tesouro, reduzindo o seu valor em 20%. A queda dos preços dos títulos do Tesouro reduziu o valor das reservas dos bancos, que foram forçados a exigir o reembolso dos empréstimos. Isso provocou uma «liquidação terrível de todos os produtos agrícolas»[208] e os «preços agrícolas despencaram, atingindo o seu nível mais baixo e provocando a ruína dos agricultores».[209]

Ao mesmo tempo, as empresas de transporte de mercadorias, que detinham os maiores monopólios, como os Harrimans, aumentaram as suas tarifas rodoviárias a tal ponto que, em

[206] A. N. Field, op. cit., p. 5.
[207] G. M. Coogan, *Money Creators, Who Creates Money? Who Should Create it?*, Omni Publications, Hawthorne, Califórnia, 1963, (publicado pela primeira vez em 1935), p. 62.
[208] Ibid., p. 62.
[209] Ibid., p. 62.

alguns estados, o custo do transporte ultrapassava o custo de produção. O índice de produção agrícola desabou em mais de metade, passando de 244 para 117, um ano depois, em maio de 1920. Muitos agricultores foram à falência porque as suas despesas gerais permaneceram inalteradas, mas os seus encargos financeiros dispararam.

Os poderes ilimitados que a Reserva Federal possui permitiram-lhe reduzir a massa monetária dos Estados Unidos e o crédito dos Estados Unidos em 2 mil milhões de dólares, o que resultou em «reduzir os preços para metade e semear a angústia e a confusão». »[210] Esta política foi deliberadamente aplicada[211] com o objetivo de empobrecer o setor agrícola[212], transferindo o dinheiro proveniente do mundo rural para os centros urbanos, reduzindo ao mesmo tempo a autossuficiência alimentar da América, tornando-a assim vulnerável às intrigas e aos caprichos de vigaristas e especuladores financeiros.[213]

Em julho de 1921, a Reserva Federal inverteu esta política, procedendo a recompras massivas de títulos do Tesouro. No entanto, os danos sofridos pelos bancos agrícolas não puderam ser reparados, e os produtos agrícolas permaneceram sob o peso de uma depressão artificial, alguns deles sendo mesmo vendidos a preços inferiores aos seus custos de produção.

Em agosto de 1927, os conspiradores que possuíam e dirigiam a Reserva Federal decidiram que era altura de criar uma nova «bolha». Apesar dos protestos de 11 dos 12 Bancos Federais, que tinham percebido os perigos, estes viram-se obrigados a baixar as suas taxas de redesconto e a embarcar num programa de recompra massiva de títulos do Tesouro (o equivalente moderno do atual quantitativo), para aumentar a massa

---

[210] A. N. Field, *The Truth About The Slump*, autopublicação, Nelson, Nova Zelândia.
[211] Ibid., p. 200.
[212] O colapso deliberado do setor agrícola americano pode ser comparado à destruição da produção agrícola na década de 1930 na Ucrânia (palavra russa para designar a fronteira) por Estaline e ao Holodomor (termo russo para o extermínio por fome) que se seguiu e durante o qual seis milhões de kulaks (palavra russa que significa punho) foram executados ou morreram de fome.
[213] A. N. Field, op. cit., p. 204.

monetária.[214]

Muito pouca dessa moeda criada *do nada* foi destinada a investimentos produtivos, mas foi injetada nos mercados bolsistas, onde o rácio preço/lucro[215] atingiu rapidamente 20 e, em alguns casos, 50. Os meios de comunicação social e os «economistas» vendidos anunciaram a chegada de uma «nova era» de prosperidade permanente e atizaram deliberadamente as chamas da especulação, enquanto 16 milhões de americanos, de uma população adulta de 73 milhões, compravam e vendiam ações.

A 9 de março de 1929, o maçom Paul Warburg, fundador do Sistema da Reserva Federal, aconselhou todos os bancos membros, bem como o Secretário do Tesouro, seu companheiro maçom Andrew Mellon, a retirarem-se do mercado bolsista ou a venderem a descoberto. Informou-os de que, se agissem imediatamente, obteriam lucros enormes, pois o índice Dow Jones estava prestes a desmoronar-se.

A 24 de outubro de 1929, a Reserva Federal decidiu pôr fim a esta orgia de especulação e dar início à sua fraude em grande escala. A taxa de redesconto subiu repentinamente para 6%. De todos os lados, milhares de ordens foram enviadas para a Bolsa de Nova Iorque, para vender ao «preço de mercado», um estratagema típico utilizado pelos especuladores para fazer os preços descerem rapidamente. A confiança evaporou-se de repente e a primeira Grande Depressão planeada teve início. O ponto decisivo foi atingido seis dias depois, a 30 de outubro de 1929, quando a Reserva Federal ordenou a contração dos empréstimos concedidos aos corretores no valor de 2,3 milhões de dólares. O mercado bolsista desabou e, em dezembro de 1932, o valor dos títulos cotados tinha caído 83,1%, passando de 89 mil milhões de dólares para 15 mil milhões de dólares.

As consequências económicas e sociais desta implosão foram devastadoras. De 24 000 bancos, 10 000 faliram, deixando os seus depositantes arruinados. 200 000 empresas entraram em

---

[214] G. M. Coogan, op. cit., p. 67.

[215] O rácio é calculado dividindo o preço das ações pelo rendimento por ação.

falência e 8,3 milhões de pessoas foram lançadas à rua. Nos três anos que se seguiram, 24,9%[216] da população ativa ficou desempregada. O rendimento nacional dos Estados Unidos diminuiu 40,7%, passando de 81 mil milhões de dólares em 1927 para 48 mil milhões de dólares em 1932. Durante os anos da depressão, estima-se que três milhões de pessoas morreram de fome. As principais causas foram a desnutrição, as doenças infecciosas e o suicídio.

Referindo-se à queda da bolsa de Nova Iorque que desencadeou a depressão, o deputado do Congresso Louis T. McFadden declarou com precisão: «trata-se de um acontecimento cuidadosamente provocado... Os banqueiros internacionais[217] procuravam criar condições desesperadoras para melhor emergirem como os líderes supremos de todos nós.»[218]

A. N. Field denunciou a inutilidade dos bancos centrais e os objetivos perversos para os quais têm sido constantemente utilizados:

> «Os bancos centrais, enquanto meio de prevenir crises financeiras, demonstraram assim o seu fracasso total nos Estados Unidos. Este facto não prejudicou de forma alguma a criação de bancos centrais em todos os países. Alegou-se que os financistas à frente da Reserva Federal dos Estados Unidos não querem condições estáveis e que as bolhas e recessões sem precedentes que se sucederam desde a sua criação foram causadas deliberadamente. É pelo menos certo que aqueles que controlam o sistema opuseram as objeções mais veementes a quem quer que tenha tentado fazer com que o Congresso promulgasse leis para obrigar a Reserva Federal a fazer uso do seu imenso poder, a fim de manter o poder de compra da sua

[216] Sociedade das Nações, World Economic Survey: Eighth Year, 1938/1939 (Genebra, 1939), p. 128.

[217] Durante as décadas de 1920 e 1930, o termo «banqueiros internacionais» era uma expressão comum utilizada para designar os banqueiros judeus. Outro eufemismo empregado era o de «financistas cosmopolitas».

[218] A. N. Field, op. cit., p. 202.

> moeda num nível estável.»[219]

Num artigo do *Financial Times*, escrito em 1930, o professor Karl Gustav Cassel[220] da Universidade de Estocolmo, observou: «Um poder absoluto sobre o bem-estar do mundo foi praticamente colocado nas mãos do Conselho de Administração da Reserva Federal. E não podemos deixar de ficar consternados ao ver a forma aparentemente aleatória como estes administradores utilizam esse poder, e o quanto isso é contrário às exigências que deveriam orientar a política monetária da América.»[221]

Paremos um momento para transcrever o discurso retumbante proferido na sexta-feira, 10 de junho de 1932, na Câmara dos Representantes pelo antigo presidente da Comissão Bancária e Monetária (1920-1931), o ilustre Louis T. McFadden:[222]

> «Senhor Presidente, temos neste país uma das instituições mais corruptas que o mundo já conheceu. Refiro-me ao Conselho de Administração da Reserva Federal e aos Bancos da Reserva Federal.
>
> Este Conselho de Administração, um órgão do governo, defraudou o governo dos Estados Unidos e o povo americano num montante suficiente para saldar a dívida nacional. As devastações e injustiças do Conselho de Administração da Reserva Federal e dos Bancos da Reserva Federal, agindo em conluio, custaram a este país dinheiro suficiente para saldar várias vezes a dívida pública. Esta instituição maléfica empobreceu e arruinou o povo dos Estados Unidos; levou-se a si própria à falência e praticamente levou o nosso governo à falência. Conseguiu-o através das lacunas da lei sob a qual opera, através da má aplicação dessa lei pelo Conselho de

---

[219] A. N. Field, *All These Things*, Omni Publications, Hawthorne, Califórnia, 1936, pp. 121-122.

[220] O professor Cassel foi um dos membros fundadores da *Handelshögskolen i Stockholm* (Escola de Economia de Estocolmo). A escola opunha-se fundamentalmente ao padrão-ouro defendido pela Escola Económica Austríaca.

[221] A. N. Field, *The Truth About The Slump*, p. 118.

[222] *«Collective Speeches of Congressman Louis T. McFadden»*, Omnia Publications, Hawthorne, Califórnia, 1970, Capítulo XVI, A Conduta Traidora e Desleal da Reserva Federal e dos Bancos da Reserva Federal, pp. 298-329.

Administração e através das práticas corruptas dos ricos abutres que o controlam.

Há quem pense que os Bancos da Reserva Federal são instituições do governo dos Estados Unidos. Não é nada disso. São monopólios privados do crédito que exercem a sua predação sobre o povo dos Estados Unidos para seu próprio benefício e o dos seus clientes estrangeiros; os especuladores e os vigaristas, bem como os ricos credores predadores. Esta sinistra camarilha de piratas financeiros abriga pessoas que cortariam a garganta de um homem para lhe roubar os bolsos; são eles que inundam os estados com dinheiro para comprar votos e controlar a nossa legislação; e são eles que mantêm uma propaganda internacional para nos enganar e nos forçar a conceder-lhes mais concessões que lhes permitam encobrir os seus crimes passados e perpetuar a sua gigantesca organização criminosa.

Estes 12 monopólios do crédito foram impostos de forma desleal e enganosa a este país por banqueiros vindos da Europa que nos agradeceram a nossa hospitalidade sabotando as nossas instituições americanas. Esses banqueiros utilizaram o dinheiro deste país para financiar o Japão na sua guerra contra a Rússia. Criaram um reinado de terror na Rússia com o nosso dinheiro, a fim de prolongar essa guerra; foram os artífices da paz separada entre a Alemanha e a Rússia, o que semeou a discórdia entre os aliados durante a Guerra Mundial. Financiaram as manifestações de massa de Trotsky em Nova Iorque, para espalhar o descontentamento e a rebelião. Pagaram a viagem de Trotsky de Nova Iorque até à Rússia, para que ele pudesse participar na destruição do Império Russo. Fomentaram e provocaram a Revolução Russa e colocaram somas consideráveis à disposição de Trotski numa d es da sua sucursal bancária na Suécia, para que, através dele, os lares russos fossem completamente destruídos e as crianças russas fossem separadas dos seus tutores naturais. Desde então, iniciaram a sua empreitada de destruição dos lares americanos e de dispersão das crianças americanas.

Foi declarado que o presidente Wilson tinha sido enganado pela atenção dispensada por esses banqueiros e pelas posições filantrópicas que adotavam. Foi dito que, quando descobriu a forma como tinha sido induzido em erro pelo coronel House, se separou desse intrometido, esse «monge santo» do império financeiro, e mostrou-lhe a porta. Teve a coragem de o fazer e, na minha opinião, demonstrou grande mérito.

O presidente Wilson morreu como uma vítima enganada. Quando chegou à presidência, possuía certas qualidades de espírito e de coração que lhe permitiram ocupar altos cargos nesta nação; mas nunca aspirou a tornar-se banqueiro. Sempre disse que sabia pouco sobre o sistema bancário. Foi assim que, seguindo os conselhos de outros, a lei sobre a Reserva Federal, a sentença de morte da liberdade americana, foi aprovada durante a sua administração.

Senhor Presidente, não deve haver parcialidade quando se trata dos assuntos bancários e monetários deste país, e falo sem a menor parcialidade.

Em 1912, a Associação Monetária Nacional, sob a presidência do falecido senador Nelson W. Aldrich, apresentou um relatório, em preparação para a lei conhecida como Lei da Reserva Nacional. Esta lei é mais conhecida pelo nome de Lei Aldrich. O Senador Aldrich não redigiu a Lei Aldrich. Ele foi o instrumento, não o cúmplice, dos banqueiros europeus [judeus] que, há quase 20 anos, planeavam criar um banco central neste país e que, em 1912, tinham gasto e continuavam a gastar avultadas somas de dinheiro para atingir o seu objetivo.

A Lei Aldrich foi denunciada na sequência da nomeação de Theodore Roosevelt em 1912 e, nesse mesmo ano, quando Woodrow Wilson foi nomeado, o Partido Democrata, tal como adotado pela Convenção de Biltmore, declarou expressamente: «Opomo-nos ao plano Aldrich de um banco central. » Tudo isto faz parte de um discurso claro e inequívoco. Os líderes do Partido Democrata prometeram então ao povo que, se fossem eleitos para cargos de responsabilidade, não seria criado nenhum banco central enquanto detivessem as rédeas do governo. Treze meses depois, essa promessa foi quebrada, e a administração Wilson, sob a tutela dessas figuras sinistras de Wall Street que se escondiam por trás do Coronel House, estabeleceu no nosso país livre a instituição monárquica corrupta do «banco do rei» para nos controlar e escravizar do berço ao túmulo. A Lei da Reserva Federal destruiu a nossa forma ancestral de fazer negócios; ela discrimina as nossas letras de câmbio baseadas num nome,[223] o modelo mais avançado do mundo; ela restabeleceu a antiga dupla denominação,[224] que representa a maldição atual deste país e que devastou todos os países que a puseram em prática; ela impôs a este país a mesma tirania contra a qual os pais da Constituição procuravam proteger-nos.

Uma das maiores batalhas pela preservação desta República travou-se aqui mesmo, na época de Jackson, quando o Segundo Banco dos Estados Unidos, que foi fundado com base nos mesmos princípios falsos exemplificados na Lei da Reserva Federal, foi neutralizado. Após a queda do Segundo Banco dos Estados Unidos em 1837, o país foi alertado para os perigos inerentes a permitir que interesses movidos por intenções predatórias regressassem disfarçados, depois de os ter rejeitado, deixando-os aliar-se ao poder executivo e, através dele, conseguir adquirir o controlo do governo. Foi, no entanto, exatamente isso que esses mesmos interesses fizeram, quando regressaram revestidos de intenções hipócritas e conseguiram, sob falsos pretextos, fazer aprovar a Lei da Reserva Federal.

O perigo contra o qual o país foi alertado está agora sobre

[223] Um contrato comercial ou uma letra de câmbio com apenas uma assinatura.

[224] Um contrato comercial assinado por duas pessoas, atestando a sua plena responsabilidade.

nós e apresenta-nos a longa série de horrores que acompanha os negócios traidores e desonestos do Conselho de Administração da Reserva Federal e dos seus bancos afiliados. Olhem à vossa volta quando saírem desta sala e verão provas disso por todo o lado. Esta era de miséria económica é inteiramente imputável à Reserva Federal. É uma época de crimes financeiros e, no financiamento desses crimes, a Reserva Federal não desempenha o papel de um espectador desinteressado.

O povo dos Estados Unidos está a ser gravemente enganado. Se não está, então não sei o que significa «enganar as pessoas». Perderam os seus empregos. Foram despojados das suas casas. Foram despejados dos seus arrendamentos. Perderam os seus filhos. Foram abandonados à morte por falta de abrigo, comida, roupa e medicamentos.

A riqueza dos Estados Unidos e a sua produtividade foram-lhe confiscadas e tudo isso repousa nos cofres de certos bancos e grandes corporações ou foi exportado para o estrangeiro em benefício desses clientes estrangeiros, desses bancos e dessas corporações. No que diz respeito ao povo americano, a medida está cheia. É verdade que os armazéns e depósitos de carvão, bem como os silos de cereais, estão cheios, mas os armazéns e silos estão trancados e os grandes bancos e as corporações detêm as chaves.

A pilhagem dos Estados Unidos pela Reserva Federal e seus acólitos é o maior crime da história.

Senhor Presidente, a Câmara dos Representantes enfrenta hoje uma situação grave. Nós, e, somos os representantes do povo e os direitos do povo estão a ser-lhe confiscados. Através da Reserva Federal e dos seus bancos afiliados, o povo está a ser privado dos direitos que lhe são garantidos pela Constituição. Os seus bens foram confiscados sem sequer um processo legal. Senhor Presidente, a decência exige que examinemos as contas do governo para detectar os crimes contra o bem público que foram ou estão a ser cometidos.

O que é necessário é um regresso à Constituição dos Estados Unidos. Precisamos de operar uma separação completa entre os bancos e o Estado. A luta ancestral que aqui se desenrolou na época de Jackson deve ser novamente travada. A independência do Tesouro dos Estados Unidos deve ser restaurada e o governo deve guardar o seu próprio dinheiro sob chave no edifício fornecido pelo povo para esse efeito. Temos de nos livrar do papel-moeda, o instrumento dos vigaristas.

O governo deveria adquirir ouro e emitir moeda exclusivamente com base nas reservas que detém. A gestão dos negócios deveria ser devolvida aos banqueiros independentes. O sistema bancário estatal deveria estar livre de quaisquer entraves. Os distritos da Reserva Federal deveriam ser abolidos e as fronteiras dos estados respeitadas. As reservas bancárias deveriam ser mantidas no seio do Estado cujos cidadãos são os credores, e essa moeda de reserva do povo deveria ser protegida para que os banqueiros internacionais não pudessem apoderar-se dela. Todas as transações deveriam ser interrompidas enquanto colocamos as nossas finanças em ordem. A Lei da Reserva Federal e os bancos da Reserva Federal que violaram os seus estatutos deveriam ser imediatamente liquidados.

Os funcionários governamentais desleais que violaram os seus juramentos devem ser destituídos e levados à justiça. A menos que isso seja feito, prevejo que o povo americano, indignado, roubado, saqueado, insultado e traído no seu próprio solo, se revoltará e, na sua ira, enviará para cá um presidente que expulsará os mercadores do templo.» [Aplausos]

A partir do discurso que precede, note-se que as preocupações levantadas pelo Partido Trabalhista na África do Sul, durante o debate sobre a Lei Bancária e Monetária sul-africana, que «tinha sido concebida nos EUA e não servia os interesses do povo, mas sim dos bancos»,[225] eram, assim, plenamente justificadas. O facto de legisladores ingénuos e ignorantes terem permitido, em 1920, a criação do Banco Central da África do Sul, baseado no modelo da Reserva Federal americana, que o membro do Congresso McFadden descreveu como sendo «uma das instituições mais corruptas e maléficas do mundo», é um facto profundamente lamentável e deve ser condenado em termos inequívocos.

O membro do Congresso **Louis Thomas McFadden** foi presidente da Comissão Bancária e Monetária dos Estados Unidos (1920-1931). As suas revelações persistentes sobre a gigantesca «organização criminosa» da Reserva Federal conduziram ao seu assassinato, em 1 de outubro de 1936.

[225] *Cape Times*, 28 de julho de 1920.

Clifford Hugh Douglas

Clifford Hugh Douglas (1879-1952) era um engenheiro que, enquanto trabalhava como superintendente adjunto na Royal Aircraft Factory, em Farnborough, Inglaterra, durante a Primeira Guerra Mundial, reparou que o custo total dos bens era superior aos montantes pagos em salários e dividendos. Decidiu investigar este desequilíbrio na forma como o dinheiro circulava pela indústria e, após recolher dados de centenas de empresas, descobriu que existia um défice constante no poder de compra dos consumidores em relação aos custos totais de produção. Ele considerava o imposto sobre o rendimento como um dividendo negativo e propôs, em vez disso, o pagamento de um dividendo nacional a todos os cidadãos, que viria a colmatar a diferença entre os rendimentos e os preços. Este dividendo proporcionaria aos consumidores o poder de compra adicional necessário para absorver toda a produção atual de bens de uma forma não inflacionista. Isto faz parte do teorema de Douglas A+B, segundo o qual os preços aumentam sempre a um ritmo mais rápido do que os rendimentos são gerados, de modo que o montante total dos preços de todos os bens em circulação na economia, em qualquer fase, exceda o poder de compra total dos consumidores. A teoria económica de Douglas, conhecida como Crédito Social[226], defendia a transferência do processo de criação monetária dos bancos privados para um banco estatal, retirando a estes últimos o privilégio de criar dinheiro a partir do nada sob a forma de uma dívida que gera juros.

Ele propunha também um mecanismo de ajuste denominado Preço Justo. Este mecanismo permitiria reduzir os preços numa determinada percentagem, em função das consequências do aumento da eficiência do processo de produção devido às melhorias tecnológicas. Desta forma, os benefícios da

[226] Numa carta a H. S. (Jim) Ede, datada de 5 de abril de 1935, Laurence da Arábia expressou a sua opinião sobre o esquema de crédito de Douglas, na obra de Maurice Colbourne, *Economic Nationalism*: «A economia é semelhante às marés. Não conseguimos explorá-la, mas ela flui e reflui. O que se deveria fazer seria cartografá-la, mas ninguém consegue distinguir a sua lua.» *The Letters of T. E. Lawrence*, editado por D. Garnett, Jonathan Cape, Londres, 1938, p. 866.

tecnologia repercutir-se-iam diretamente nos trabalhadores e melhorariam as suas condições de vida. Douglas estava bem ciente de que esses avanços tecnológicos crescentes tornariam impossível o objetivo do pleno emprego.

Daí a sua insistência no pagamento de um dividendo nacional, calculado somando ao rendimento mínimo uma parte equivalente ao aumento da produção nacional e aos dados de consumo.

Após a Primeira Guerra Mundial, Douglas dedicou o resto da sua vida à promoção das suas ideias e deu palestras em vários países, incluindo a Austrália, o Canadá, o Japão, a Nova Zelândia e a Noruega. Obteve dois sucessos notáveis:

(i) O Partido do Crédito Social conquistou o controlo do governo provincial de Alberta, no Canadá, em 1935.

(ii) Após uma digressão de conferências no Japão em 1929, as suas soluções foram adotadas pelo governo japonês em 1935.

As propostas de Douglas eram extremamente temidas pelos banqueiros internacionais e, na década de 1930, estes dedicaram uma quantia considerável de 5 milhões de libras[227] para contrariar o seu programa de mobilização das massas, que teve grande sucesso. Douglas nutria apenas desprezo pelos banqueiros centrais e, numa ocasião, enquanto proferia um discurso em Newcastle-upon-Tyne em 1937, classificou o Banco de Inglaterra como «um manicómio».[228]

---

[227] De acordo com a calculadora de inflação do Banco de Inglaterra, 5 milhões de libras equivaliam a 301 milhões de libras em 2012.

[228] C. H. Douglas, *Security Institutional and Personal*, um discurso proferido na Câmara Municipal, Newcastle-upon-Tyne, a 9 de março de 1937, p. 6. Ezra Pound, falando na Rádio Roma, a 1 de junho de 1943, qualificou o Banco de Inglaterra *de «esgoto de Inglaterra»*.

Certificado de Prosperidade emitido pelo Partido do Crédito Social, Alberta, 1936

Clifford Hugh Douglas. As suas propostas sobre o crédito social e o sistema bancário estatal foram aceites pelo governo de Alberta, no Canadá, e pelo do Império do Japão.

IRVING NORTON FISHER

Irving Fisher (1867-1947) foi um famoso professor de economia da Universidade de Yale, que adotou uma abordagem matemática para resolver problemas económicos. É conhecido pela sua teoria da utilidade, que justapõe a mensurabilidade da função utilitária à teoria da procura. No seu tratado, *The Theory of Interest/A Teoria dos Juros*, observou as mudanças no valor relativo dos bens em função da variação das taxas de juro ao longo do tempo. Isso tornou-se a Teoria Quantitativa da Moeda. Ao longo da sua vida, foi um participante ativo do movimento eugenista.

Em março de 1913, o senador Robert L. Owen, presidente da Comissão Bancária do Senado, tentou aprovar uma lei alternativa para contrariar as propostas bancárias e monetárias da dupla fraudulenta Rothschild/Rockefeller.[229] A lei teria permitido a inclusão de bens de primeira necessidade na base monetária, para além do ouro e da prata, e teria assim evitado a possibilidade de inflação e deflação, criando assim uma verdadeira liberdade no mercado de trabalho. Irving Fisher ajudou Owen na redação desta proposta de lei, mas foi posteriormente chantageado para retirar o seu apoio.

Este parágrafo revelador é extraído da obra de Emmanuel Josephson, *The Federal Reserve Conspiracy & Rockefellers «Their Gold Corner»*, e descreve na perfeição o que daí resultou:

> «Os conspiradores estavam determinados a impedir a apresentação da lei de Owen. Chamaram o professor Fisher perante os dirigentes de Yale e confrontaram-no, classificando de «absurda» a sua defesa de que a moeda deveria ser baseada e garantida por um equivalente em matérias-primas que não fossem o ouro. O senador Owen conta que Fisher foi avisado de que não haveria mais

[229] Os Rockefellers são descendentes de imigrantes alemães, possivelmente judeus, que escreviam o seu nome como Roggenfelder durante a Idade Média; como os judeus não eram considerados cidadãos, foram obrigados pelos príncipes alemães a adicionar o sufixo de um objeto inanimado aos seus apelidos. Daí –berg (montanha), -stein (pedra), etc.

lugar em Yale, nem em qualquer outra universidade, para alguém tão «insensato». O professor Fisher estava perfeitamente ciente da mão que o alimentava e era, infelizmente, tão desprovido de princípios quanto a multidão de «professores» prostituídos dos conspiradores e das suas fundações. Ele cedeu às suas chantagens e traiu o senador Owen, retirando o seu apoio professoral a essa lei, que constituía um remédio honesto e que ele próprio ajudara a redigir. Em vez disso, o professor Fisher posicionou-se a favor daquilo a que chamava, em tom de escárnio, o dólar «matéria-prima», cujo valor deveria ser determinado por um «índice-ouro», o que deveria provocar uma estabilização da economia, conferindo ao valor das matérias-primas do ouro e do dólar uma base especulativa que multiplicaria por dez o poder dos conspiradores de manipular, ou de «gerir» a economia, para lhes permitir mais facilmente defraudar a nação. O *golpe de misericórdia*[230] à proposta de lei monetária do senador Owen foi desferido pelo presidente Wilson quando a rejeitou categoricamente.»[231]

[230] N.T.: em francês no texto.

[231] E. M. Josephson, *The "Federal" Reserve Conspiracy & Rockefellers, Their "Gold Corner"*, Chedney Press, Nova Iorque, 1968, p. 51.

O Plano de Chicago de 1933 do professor **Irving Fisher**, que propunha um sistema bancário de reserva integral, foi aprovado por investigadores do Fundo Monetário Internacional em 2012.

Em 1920, após ter cedido e traído os esforços do senador Owen para reformar a lei bancária e monetária, Fisher publicou uma obra intitulada *Dollar Stabilisation*,[232] que contém o que viria a tornar-se posteriormente o Plano de Chicago.[233] O plano foi publicado de forma privada, sob a forma de um memorando de seis páginas, e distribuído a 40 pessoas, em 16 de março de 1933. Argumentava que o Estado deveria assumir a criação da massa monetária e que os bancos privados deveriam funcionar como bancos de reserva de pleno direito. Recorrendo a princípios matemáticos, Fisher conseguiu provar que daí

232 A. N. Field, op. cit., p. 169.

233 Fisher estava ciente das vantagens de uma moeda emitida publicamente, sem dívida nem juros, a nível local na Europa. Em *Stamp Scrip*, Adelphi Publishers, Nova Iorque, 1933, dedicou o Capítulo IV à Primeira Experiência no estrangeiro: Silvio Gesell. Gesell introduziu o papel-moeda Wara (*Ware und Währung* – Bens e Moeda) na cidade mineira de carvão em crise de Schwanenkirchen, na Baviera. No Capítulo V: A propagação repentina dos «Certificados», descreve como os certificados transformaram a cidade em crise de Wörgl, na Áustria, num centro de prosperidade florescente.

resultaria o pleno emprego, os ciclos económicos seriam igualmente abolidos e a inflação seria reduzida e permaneceria em zero.

Em agosto de 2012, dois investigadores do Fundo Monetário Internacional, Jaromir Benes e Michael Kumhoff, apresentaram *«The Chicago Plan Revisited» / «O Plano de Chicago Revisitado»*. Concluíram que todos os argumentos de Fisher estavam 100% corretos. Eis a sua conclusão:

> «Este estudo revisita o Plano de Chicago, uma proposta de reforma monetária fundamental que foi defendida por muitos economistas eminentes dos Estados Unidos nos momentos mais críticos da Grande Depressão. Fisher (1936), no seu brilhante resumo do Plano de Chicago, afirmou que este apresentava quatro vantagens principais, que iam desde uma maior estabilidade macroeconómica até um nível de endividamento muito mais baixo em toda a economia. Neste estudo, conseguimos avaliar rigorosamente os seus argumentos, aplicando as diretrizes do Plano de Chicago a um modelo monetário de ponta do tipo DSGE ([234]), que contém, em miniatura, um modelo perfeitamente calibrado e microfinanciado do atual sistema financeiro americano. A característica essencial deste modelo é que a massa monetária em circulação na economia é criada pelos bancos, através da dívida, em vez de ser criada sem dívida pelo governo.
>
> As análises e os resultados da nossa simulação validam inteiramente as afirmações de Fisher (1936). O Plano de Chicago poderia permitir reduzir significativamente a volatilidade dos ciclos económicos causada pela rápida mudança de postura dos bancos face ao risco de crédito, eliminaria a probabilidade de corridas aos bancos e conduziria a uma redução instantânea do nível de endividamento público e privado. Conseguiria esta redução e, devolvendo ao Estado o seu poder de emissão, que representa equitativamente o bem comum em vez da

[234] Equilíbrio Geral Estocástico Dinâmico.

dívida, tendo esta última-se tornado o principal ativo da economia, enquanto os bancos concentram os seus esforços na concessão de crédito para projetos de investimento que requerem supervisão e peritagem do risco. Consideramos que as vantagens do Plano de Chicago vão mesmo além das posições defendidas por Fisher.

Uma das muitas vantagens adicionais corresponde ao ganho de produtividade resultante da eliminação ou redução de múltiplos fatores de distorção, nomeadamente as taxas de juro dos prémios de risco, os impostos confiscatórios e uma supervisão tão dispendiosa quanto inútil dos riscos macroeconómicos. Outra vantagem decorre da capacidade de manter a inflação a uma taxa próxima de zero num contexto em que não existe bloqueio de liquidez e em que o monetarismo se torna viável e desejável, porque o governo exerce controlo total sobre os agregados monetários. Esta capacidade de gerar e manter a inflação a uma taxa de zero é um resultado de importância primordial, porque responde a todas as alegações bastante confusas dos opositores ao monopólio exclusivo da emissão monetária governamental, que afirmam que tal sistema seria altamente inflacionista. A nossa análise teórica não contém nada que possa confirmar este argumento. E, tal como referido na secção II, também não existe nada em toda a história monetária das sociedades antigas das nações ocidentais que o confirme.»[235]

[235] Trabalhos do FMI, agosto de 2012. https://www.imf.org/external/pubs/ft/wp/2012/wp12202.pdf

CAPÍTULO VI

A ASCENSÃO E A QUEDA DO SISTEMA BANCÁRIO ESTATAL (1932-1945)

«Como sabem, o padrão-ouro provocou a ruína dos Estados que o adotaram, pois nunca foi capaz de satisfazer as suas necessidades monetárias, uma vez que retirámos o ouro da circulação tanto quanto possível.»

- Protocolo n.º 20[236]

«Afirmava então que o padrão-ouro, a fixação das taxas de câmbio e assim por diante, não passavam de disparates que nunca considerei, nem jamais considerarei, como princípios económicos imutáveis. O dinheiro, para mim, era simplesmente um meio de troca por um trabalho realizado, e o seu valor dependia inteiramente do valor do trabalho realizado. Nos casos em que o dinheiro não representava um serviço prestado, insistia no facto de que não tinha qualquer valor.»

- Adolf Hitler[237]

O REICHSBANK: O BANCO ESTATAL DA ALEMANHA NACIONAL-SOCIALISTA

A partir do caos mundial e da devastação económica dos anos 1930, que tinham sido provocados pelos bancos centrais controlados pelos Rothschild, surgiram três fénix.

Em maio de 1919, um soldado raso assistiu a uma conferência proferida por um antigo engenheiro civil que se tornara economista, o Dr. Gottfried Feder (1883-1941), intitulada

[236] *Os Protocolos dos Sábios de Sião*, traduzido do russo por Victor E. Marsden, antigo correspondente do *The Morning Post* na Rússia, Londres, 1934, p. 214. (Victor Marsden foi o assessor de relações públicas de Sua Alteza Real, o Príncipe de Gales, durante a sua viagem pelo Império em 1920.)

[237] *Hitler's Table Talk*, compilado por M. Bormann, Ostera Publications, 2012, p. 311.

(«Manifesto para quebrar as correntes da usura»)[238]

O objetivo desta série de conferências era fornecer aos soldados os fundamentos da política e da economia, o que lhes permitiria acompanhar os numerosos movimentos políticos revolucionários em atividade em Munique naquela época. As seguintes citações extraídas de *Mein* Kampf[239] revelam a influência decisiva que Feder exerceu sobre as ideias de Adolf Hitler.

> «Pela primeira vez na minha vida, ouvi um discurso que abordava os princípios da bolsa e o capital utilizado nas atividades de crédito. Depois de ouvir a primeira palestra proferida por Feder, tive imediatamente a ideia de que tinha acabado de encontrar um dos pré-requisitos mais elementares para a criação de um novo partido.

> «A meu ver, o mérito de Feder residia na sua forma incisiva e implacável de descrever a dupla natureza do capital bolsista e das transações relacionadas com empréstimos, expondo o facto de que esse capital continua a depender do pagamento de juros. Nas questões fundamentais, as suas declarações eram tão cheias de bom senso que aqueles que o criticavam nunca negavam, *no fundo*[240], que as suas ideias fossem sensatas, mas duvidavam que fosse possível pô-las em prática. Para mim, isso parecia-me o elemento mais convincente dos ensinamentos de Feder, embora os outros o considerassem uma fraqueza.»[241]

E ainda:

> «Compreendi imediatamente que esses preceitos encerravam uma verdade de importância transcendental

[238] Em 1917, Feder criou uma organização denominada *Deutscher Kampfbund gegen Zinsknechtschaft* (Liga Alemã de Combate contra a Servidão da Usura). Em 1919, publicou o seu manifesto num capítulo intitulado *An Alle, Alle! Das Manifest zur Brechung der Zinsknechtschaft* (Para todos, a todos! O Manifesto para a Abolição da Servidão da Usura) no seu livro *Kampf gegen die Hochfinanz* (A luta contra a Alta Finança).
[239] A. Hitler, *Mein Kampf*, 1939, p. 122.
[240] N.D.T.: em francês no texto.
[241] Ibid., p. 124.

para o futuro do povo alemão. A separação absoluta do capital bolsista da vida económica da nação permitiria opor-se ao processo de internacionalização do comércio alemão sem, por isso, atacar o capital enquanto tal, pois isso apenas teria comprometido os alicerces da nossa independência nacional. Distingui claramente o que se estava a desenvolver na Alemanha e percebi então que a luta que devíamos travar não era contra nações inimigas, mas contra o capital internacional. No discurso de Feder, encontrei um grito de guerra para a luta que nos esperava.»[242]

Gottfried Feder (1883-1941), que concebeu toda a política financeira do NSDAP. Mais tarde, caiu em desgraça junto de Hitler devido à sua falta de apoio ao projeto deste último de utilizar combustível sintético em substituição do carvão.

[242] Ibid., p. 124.

Algumas semanas mais tarde, Hitler recebeu instruções dos seus superiores militares para investigar uma associação política chamada *Deutsche Arbeiterpartei* (Partido dos Trabalhadores Alemães). Nessa reunião pública, que decorreu a 19 de setembro de 1919 na Sterneckerbrau Inn, em Munique, estavam presentes cerca de 20 a 25 pessoas. O orador principal foi Gottfried Feder. Pouco depois, Hitler aderiu a este partido e recebeu um certificado de filiação provisória com o número sete. A sua primeira iniciativa ao assumir o controlo do partido foi renomeá-lo *Nationalsozialistische Deutsche Arbeiterpartei* (Partido Nacional-Socialista dos Trabalhadores Alemães).

Feder, que foi o principal redator dos 25 princípios fundadores do partido, tornou-se o arquiteto e o teórico do seu programa. Em julho de 1933, foi nomeado subsecretário de Estado para os Assuntos Económicos e, em 1934, *Reichskommissar* (Comissário do Reich).

A hiperinflação alemã – Trabalhadores a receberem o seu salário em cestos de roupa em 1923.

A reforma monetária era a quintessência do nacional-socialismo, como revelam os seguintes excertos do (*Programa do NSDAP, O Partido Nacional-Socialista dos Trabalhadores*

Alemães e as suas Concepções Gerais)[243], publicado em Munique em 1932.

Adolf Hitler mandou imprimir os seus dois objetivos principais em letras grandes:

«O INTERESSE COMUM ANTES DE SI MESMO – O ESPÍRITO DO PROGRAMA A ABOLIÇÃO DA SERVIDÃO AOS JUROS – O CORAÇÃO DO NACIONAL-SOCIALISMO.»

> «Assim que estes dois preceitos forem cumpridos, demonstrarão o caráter vitorioso do seu alcance universal, que reordena a sociedade ao eliminar a atual separação entre o Estado, a nação e a economia, sob a influência corruptora das teorias individualistas atualmente em vigor. A impostura reina hoje. As classes trabalhadoras são oprimidas, os ganhos fraudulentos dos banqueiros e dos especuladores são protegidos, permitindo um enriquecimento privado irresponsável, em detrimento de toda a estabilidade política; de todo o pensamento elevado no seio do povo, e na ausência do mais ínfimo laço moral superior e do mais ínfimo sentimento de união. O poder do dinheiro, o mais impiedoso de todos os poderes, detém o controlo absoluto e exerce uma influência corruptora e destrutiva sobre o Estado, a nação, a sociedade, a moral, o mundo cultural e sobre todas as questões de costumes menos fáceis de avaliar.[244]
>
> «Quebrar a servidão dos juros usurários é o nosso grito de guerra.[245] O que entendemos por servidão da usura? O proprietário de terras está sob este jugo, tendo de recorrer a empréstimos para financiar a sua exploração agrícola, empréstimos com uma taxa de juro tão elevada, que esta

[243] G. Feder, *O Programa do NSDAP, O Partido Nacional-Socialista dos Trabalhadores Alemães e as suas Concepções Gerais*, Munique, 1932, p. 51.
[244] Ibid., p. 21.
[245] Ibid., p. 25.

absorve praticamente todo o produto do seu trabalho, ou que se vê forçado a contrair dívidas e a arrastar hipotecas como se fossem coleiras invisíveis. O mesmo se passa com o trabalhador, que produz nas lojas e nas fábricas por uma ninharia, enquanto o acionista recebe dividendos e bónus pelos quais não teve de trabalhar. Assim é a classe média, cujo produto do trabalho serve quase inteiramente para pagar os juros dos descobertos bancários.[246]

«O jugo dos juros é a verdadeira expressão dos antagonismos: capital/trabalho, sangue/dinheiro, trabalho criativo/exploração. A necessidade de quebrar este jugo é de tal importância para a nossa nação e a nossa raça, que nela repousa a esperança da nação de se libertar da vergonha e da escravidão; na verdade, a esperança de recuperar a felicidade, a prosperidade e a civilização em todo o mundo. Trata-se do eixo em torno do qual tudo gira; trata-se de muito mais do que a simples necessidade decorrente de uma política financeira. Embora os seus princípios e consequências estejam profundamente implicados na vida económica e política, trata-se de uma questão primordial para qualquer estudo económico, e afeta assim cada indivíduo, exigindo, portanto, uma decisão de cada um deles: servir a nação ou enriquecer de forma ilimitada. Representa uma solução para a Questão Social.[247]

O nosso princípio financeiro: as finanças devem servir os interesses do Estado; os magnatas financeiros não devem formar um Estado dentro do Estado. Daí o nosso objetivo de quebrar as correntes da usura.

Aliviar o Estado, e assim toda a nação, do seu endividamento junto das grandes instituições financeiras, que concedem empréstimos a juros.

A nacionalização do Reichsbank e dos bancos de emissão que concedem empréstimos com juros.

246 Ibid., p. 26.
247 Ibid., p. 27.

Fornecer o dinheiro necessário para os grandes projetos públicos (energia hidráulica, caminhos-de-ferro, etc.), não por meio de empréstimos, mas através da emissão de títulos do Tesouro sem juros e sem a utilização de dinheiro vivo.

A introdução de um padrão monetário fixo numa base estável.

A criação de um banco de negócios nacional (reforma monetária) para conceder empréstimos sem juros.

Uma remodelação fundamental do sistema fiscal com base em princípios socioeconómicos. Alívio do consumidor do fardo da tributação indireta e do produtor da fiscalidade paralisante e confiscatória (reforma e isenção fiscal).[248]

A impressão irresponsável de notas de banco, sem a criação de novo valor acrescentado, provoca inflação. Todos a sofremos. Mas a conclusão correta é que a emissão de títulos do Tesouro sem juros pelo Estado não pode gerar inflação, se, ao mesmo tempo, for criado novo valor acrescentado.

O facto de, hoje em dia, as grandes empresas não conseguirem recuperar sem recorrer a empréstimos é uma verdadeira loucura. É aqui que o uso razoável do direito soberano de cunhar moeda pode produzir os resultados mais benéficos.»[249]

A 30 de janeiro de 1933, os Nacional-Socialistas foram catapultados para o poder[250] através de uma coligação entre o *Regierung der Nationalen Konzentration* (Governo da Concentração Nacional) e o *Deutschnationale Volkspartei* (Partido Nacional- a do Povo Alemão). Foi implementada uma

[248] Ibid., p. 30.
[249] Ibid., p. 43.
[250] Nas eleições de 6 de novembro de 1932, os Nacional-Socialistas obtiveram 11 737 398 votos, ou seja, 33,1%. Nas eleições de 5 de março de 1933, os votos recebidos pelo NSDAP passaram para 17 277 180, ou seja, 43,9% dos votos populares. Nas eleições de 12 de novembro de 1933, realizadas sob a forma de referendo, o NSDAP obteve 39 655 224 votos, ou seja, 92,1% do total de votos, com uma participação de 95,3% dos eleitores.

versão bastante diluída da reforma monetária. A fim de financiar as obras do Estado e os programas de rearmamento, foram criadas duas sociedades fictícias denominadas *Gesellschaft für Offentliche Arbeiten* (Offa) e *Metallforschung Gesellschaft* (Mefo). Estas sociedades aceitavam letras de crédito de fornecedores que honravam as encomendas do Estado. Essas cartas de crédito eram então descontadas no Reichsbank a uma taxa de 4%. Eram emitidas apenas por um período de três meses, o que era claramente insuficiente tendo em conta a natureza de longo prazo dos diversos projetos que financiavam. Podiam, no entanto, ser prorrogadas em três intervalos mensais por um período de até cinco anos.

Em janeiro de 1939, a situação agravou-se quando o presidente do Reichsbank, Hjalmar Schacht, recusou-se a prorrogar as Offa e as Mefo no valor de três mil milhões, temendo assim provocar «inflação». A 7 de janeiro de 1939, Schacht enviou a Hitler um memorando assinado por ele e pelos outros oito membros do conselho de administração do Reichsbank, contendo os seguintes pontos principais:

1) O Reich deve gastar apenas o montante coberto pelos impostos.
2) Todo o controlo financeiro deve ser devolvido ao Ministério das Finanças. (Então obrigado a pagar todas as despesas militares).
3) O controlo dos preços e dos salários deve ser efetivado. A má gestão atual deve cessar.
4) A utilização do mercado monetário e de investimento deve permanecer como prerrogativa exclusiva do Reichsbank. (Isto significava a eliminação prática do Plano Quadrienal de Göring.)[251]

Schacht conclui o seu memorando com termos ambíguos: «Teríamos todo o prazer em colaborar da melhor forma possível com o m todos os objetivos futuros, mas neste

[251] E. N. Peterson, *Hjalmar Schacht: for and against Hitler: A political-economic study of Germany, 1923-1945*, The Christopher Publishing House, Boston, 1954, p. 179.

momento chegou a altura de fazer uma pausa.»[252]

Ao recorrer a estes meios, a intenção de Schacht era provocar o colapso da economia alemã,[253] que, no período de 1933 a 1939, tinha aumentado o seu Produto Interno Bruto em 100 por cento. De uma nação arruinada em janeiro de 1933, com 7 500 000 desempregados,[254] Hitler tinha transformado a Alemanha num paraíso socialista moderno. Ele estava, com razão, furioso e rejeitou as recomendações do Reichsbank, classificando-as de «motim».[255] Duas semanas depois, Schacht foi demitido. Roger Elletson descreve este momento memorável: «A 19 de janeiro de 1939, Schacht foi demitido sem aviso prévio, e o Reichsbank recebeu ordens para conceder ao Reich todos os créditos solicitados por Hitler. Esta ação decisiva neutralizou de uma só vez o controlo do Reichsbank sobre a política monetária nacional e a base de poder alemã da judaica internacional. Os banqueiros judeus acabavam de ver-se privados do poder de desvalorizar e destruir a economia alemã.

Para além das implicações dos juros pagos sobre os Mefo, a Alemanha podia agora considerar-se a funcionar inteiramente sob o «sistema de Feder», em vez de sob o «sistema Schacht». O Reichsbank tornou-se uma arma eficaz do governo, sendo a única alteração o facto de as letras de câmbio serem agora monetizadas, ou reembolsadas, sob a égide do Estado, em vez de por um lacaio judeu na presidência do Reichsbank.[256] Assim, em de janeiro de 1939, o Reichsbank tornou-se um autêntico Banco do Estado. A demissão de Schacht pôs

[252] J. Weitz, *Hitler's Banker Hjalmar Horace Greely Schacht*, Little, Brown and Company, Londres, 1999, p. 17.

[253] Ibid., p. 343. Uma indicação sobre a quem se dirigia realmente a lealdade de Schacht foi revelada durante o seu funeral, alguns dias após a sua morte aos 93 anos, em 4 de junho de 1970. Uma das coroas sobre o seu caixão trazia um cartão com a seguinte inscrição: «Ao companheiro dos dias difíceis – Fundação 20 de julho.» Os membros desta organização tinham tentado, sem sucesso, assassinar Hitler, a 20 de julho de 1944.

[254] Dos 7 500 000 desempregados, 5 575 492 estavam inscritos no desemprego, enquanto outros 4 000 000 estavam empregados a tempo parcial. *Statistical Year-Book of the League of Nations*, 1940, Genebra, p. 70. Ver também B. R. Mitchell, International Historical Studies, Europe 1750-1993, quarta edição.

[255] D. Marsh, *The Bundesbank: The Bank That Rules Europe*, William Heinemann Ltd, Londres, 1992, p. 119.

[256] R. E. Elletson, *Monetary Parapometrics: A Case Study of the Third Reich*, Christian International Publications, Wilson, Wyoming, 1982, p. 57.

também fim à transferência de informações confidenciais relativas a todos os desenvolvimentos económicos da Alemanha,[257] que tinham sido fornecidas ininterruptamente a Montagu Norman,[258] um irmão maçom e Governador do Banco de Inglaterra (1920-1944).

Uma nova lei sobre o Reichsbank, promulgada a 15 de junho de 1939, tornou o banco **«incondicionalmente subordinado à soberania do Estado».**[259]

O artigo 3.º estipulava que o banco, renomeado *Deutsche Reichsbank*, deveria ser «dirigido e gerido sob as instruções e a supervisão do Führer e do Chanceler do Reich. »[260] Hitler era agora o seu próprio banqueiro, mas, tendo-se dissociado dos vigaristas e agiotas internacionais, teve de sofrer o mesmo destino que Napoleão Bonaparte, que em 1800 tinha estabelecido o Banco de França como um banco estatal; seguiu-se uma guerra inútil que levou à ruína do seu povo e do seu país. Foi este acontecimento que desencadeou a Segunda Guerra Mundial – tendo os Rothschild percebido que a reprodução universal do sistema bancário estatal sem juros da Alemanha destruiria para sempre o seu império financeiro maléfico. A fim de conceder carta branca aos polacos, o que lhes permitiria opor-se e provocar os alemães, foi feita pela Grã-Bretanha, em 31 de março de 1939, uma oferta enganosa

[257] D. Irving, *The War Path: Hitler's Germany 1933-1939*, Macmillan, Londres, 1978, p. 172. Nota: «Montagu Norman, governador do Banco de Inglaterra, declarou ao embaixador americano Joseph Kennedy que Schacht tinha sido o seu informador permanente durante 16 anos, no que diz respeito às precárias condições financeiras da Alemanha (o embaixador Joseph Kennedy comunicou isso a Washington, em 27 de fevereiro de 1939). Em 1946, Norman tentou interceder por Schacht em Nuremberga através de um irmão maçom britânico da equipa do procurador, Harry Phillimore (Schacht também era maçom). A equipa americana rejeitou categoricamente as tentativas de Phillimore, mas o juiz inglês Birkett concedeu a absolvição. » Ver também D. Irving, *Nuremberg The Last Battle*, Focal publishers, Londres, 1996, pp. 271-272. Montagu Norman era também o padrinho do bisneto mais novo de Schacht, Norman. Ver a visita de M. Norman a Berlim, *The Glasgow Herald*, 5 de janeiro de 1939, dois dias antes de Schacht enviar o seu memorando insolente a Hitler.

[258] Montagu Norman era uma figura discreta, que adotava um estilo de deslocamento ao estilo de capa e espada, e chegou mesmo a ser visto uma vez a emergir da escotilha de carga de um cargueiro. Além de utilizar o pseudónimo já mencionado, de Professor Skinner, recorria ocasionalmente ao seu segundo nome, Collet, como apelido.

[259] D. Marsh, op. cit., p. 128.

[260] Ibid., nota 40, p. 300.

e sem valor[261] para garantir a soberania da Polónia.

O «**Wilhelm** Gustloff» (24 484 toneladas brutas), batizado com o nome do líder dos Nacional-Socialistas Suíços. No âmbito do programa *Kraft durch Freude* (força através da alegria), os trabalhadores alemães que ganhavam menos de 300 RM por mês puderam dar-se ao luxo de embarcar em cruzeiros para destinos exóticos. No entanto, estes navios de cruzeiro viram-se impedidos de entrar nos portos britânicos por receio de gerar agitação e inveja entre os trabalhadores britânicos carenciados e desempregados.

[261] Tratava-se de um cheque em branco que tinha todas as hipóteses de ser recusado, pois a Inglaterra só estava preparada para socorrer a Polónia em caso de invasão alemã da Polónia ou de uma invasão polaca da Alemanha, mas de modo algum se se tratasse da União Soviética. Os polacos estavam inconscientes desta eventualidade. Os soviéticos acabaram por anexar, de longe, a parte mais importante da Polónia, nomeadamente 77 300 milhas quadradas, em comparação com as 49 800 milhas quadradas restituídas à Alemanha. O Secretário de Estado Ernst von Weizsäcker, citado por D. L. Hoggan, *The Forced War: When Peaceful Revision Failed*, Institute for Historical Review, Costa Mesa, Califórnia, 1989, p. 391, descrevendo com desdém que «A garantia britânica à Polónia era semelhante a dar açúcar a uma criança pequena deixada à sua sorte!»

O interior do «Wilhelm Gustloff»

Em setembro de 1939, a **Reichsautobahn** tinha 3.862 km. Não foi concebida esteticamente para servir um propósito utilitário, mas para proporcionar ao motorista uma visão impressionante das paisagens.

Nos cinco meses seguintes, o governo polaco intensificou progressivamente a opressão, o assédio e os ataques contra a população alemã de 1,5 milhões de pessoas que vivia na Polónia. Esses ataques,[262] durante os quais 58 000 civis

[262] D. L. Hoggan, op. cit., Cap. 16, *Os alemães aterrorizados da Polónia*, p. 388-390, e os motins de Łódź, p. 391-392. Hoggan afirma igualmente que: «... não restava qualquer

alemães foram mortos pelos polacos em surtos pontuais de selvajaria, culminaram no massacre de Bromberg, a 3 de setembro de 1939, que fez 5 500 vítimas. Inicialmente, essas provocações e atrocidades foram ignoradas estoicamente. Por fim, Hitler viu-se obrigado a recorrer a uma intervenção militar para proteger os alemães da Polónia. A 30 de agosto de 1939, num ato digno de um estadista, Hitler apresentou novamente ao governo polaco as propostas de Marienwerder.[263]

As quatro propostas principais eram as seguintes:

(i) A manutenção das fronteiras existentes, tal como determinadas pelo Tratado de Versalhes.

(ii) O regresso à Alemanha da população de Danzig (370 000 pessoas), constituída por 97% de alemães.

(iii) A construção de uma autoestrada de 96 km e de uma linha ferroviária ligando a Prússia Ocidental e Oriental, de Schönlanke a Marienwerder.

(iv) Uma troca de população entre alemães e polacos.

Sob as ordens dos banqueiros internacionais, o secretário de Estado britânico dos Negócios Estrangeiros, Lord Halifax, recomendou veementemente ao governo polaco que não negociasse.[264] Foi assim que a Segunda Guerra Mundial foi desencadeada, o que desmonta o mito da culpa alemã. A partir de 1939, embora a Alemanha tenha formulado pelo menos 28 tentativas conhecidas de paz incondicional, todas foram recusadas. A guerra forçada que se seguiu culminou na vitória dos financiadores internacionais e na derrota e servidão dos povos da Europa e, na verdade, do mundo inteiro. Na Europa, esta subjugação foi finalmente consumada com a criação do Banco Central Europeu, controlado por Rothschild, a 1 de junho de 1998, e a introdução do *euro*, a 1 de janeiro de 1999.

---

dúvida entre as pessoas bem informadas da época [1939] de que horríveis atrocidades eram infligidas diariamente aos alemães da Polónia», p. 554.

[263] «*A Última Proposta em Documentos Secretos* – O que é ocultado aos alemães», Fz-Verlag, Munique, 1993, pp. 172-174. Contém os 16 pontos na íntegra.

[264] D. H. Hoggan, op. cit., pp. 565-569.

AS CONQUISTAS DO SISTEMA BANCÁRIO ESTATAL ALEMÃO

Um dos primeiros benefícios que o sistema bancário estatal e a reforma monetária proporcionaram ao povo alemão foi a disponibilização de habitação adequada. Durante o período de 1933 a 1937, foram construídas 1 458 178 novas casas, em conformidade com os padrões mais avançados da época.[265] Cada casa não podia ter mais de dois andares e devia possuir um jardim. A construção de apartamentos foi desencorajada e os alugueres não podiam exceder 25 RM por mês, ou seja, 1/8 da renda média de um trabalhador. Os empregados com salários mais elevados pagavam um máximo de 45 RM por mês.

Empréstimos sem juros até RM1.000 (o equivalente a cinco meses de salário), conhecidos como *Ehestanddarlehen* (créditos matrimoniais), eram concedidos a casais jovens. O crédito era reembolsável a 1% ao mês, mas por cada filho nascido, 25% do montante do empréstimo era anulado. Assim, se uma família tivesse quatro filhos, o crédito era considerado integralmente reembolsado. O mesmo princípio aplicava-se aos créditos imobiliários, que eram concedidos por um prazo de dez anos a uma taxa de juro muito baixa. O nascimento de cada filho resultava também na anulação de 25% do empréstimo.[266] O ensino básico, as escolas secundárias técnicas e as universidades eram gratuitos, enquanto um sistema de saúde universal proporcionava cuidados de saúde gratuitos a todos.[267]

[265] Entre 1932 e 1938, o índice de construções concluídas disparou 163,2%, passando de 38 para 100.

[266] S. M. Goodson, *Illustrated Guide to Adolf Hitler & The Third Reich*, Washington D.C., The Barnes Review, 2009, p. 15.

[267] O sistema era financiado por uma modesta contribuição deduzida dos salários dos trabalhadores e depositada na *Allgemeine Ortskrankenkasse* (Fundo Local Geral de Saúde).

O carro do povo – **Adolf Hitler** visita a fábrica «Volkswagen» em Wolfsburg, 1938. O nome proposto para a nova localidade foi Hitlerstadt, mas Hitler objetou que preferia adotar o seu pseudónimo Wolf em vez disso.

Durante o período de 1933 a 1937, as importações aumentaram 31%, passando de 4,2 mil milhões de RM para 5,5 mil milhões de RM, enquanto as exportações, particularmente para o sudeste da Europa, dispararam 20,4%, passando de 4,9 mil milhões de RM para 5,9 mil milhões de RM. Este aumento do comércio é ilustrado pelo crescimento de 76,9% da navegação interior, que passou de 73,5 para 130 milhões de toneladas transportadas, e pelo aumento de 69,4% da navegação oceânica, que passou de 36 para 61 milhões de toneladas transportadas. Ao longo desse período, o comércio foi significativamente melhorado através da troca, contornando o sistema de pagamentos internacionais e a exigência de pagar comissões e juros sobre as letras de câmbio. No final da década de 1930, 50% de todo o comércio externo era realizado através de transações baseadas na troca. Durante o mesmo período, as despesas dedicadas às infraestruturas rodoviárias e, em particular, à Reichsautobahn, dos quais 3.862 km foram concluídos em setembro de 1939, registaram um crescimento de 229,5%, passando de 440 milhões de RM para 1,45 mil milhões de RM. A construção desta gigantesca autoestrada, para além do seu alcance simbólico, era necessária para dar resposta ao número crescente de veículos, que registou um aumento de 425%, passando de 41 000 para 216 000 matrículas, e para fazer face ao aumento ainda mais espetacular de 622% dos automóveis de passageiros, que passaram de 7 000 para 50 600.

Entre 1932 e 1938, a produção de minério de ferro aumentou 45,4%, passando de 843 000 para 1 226 000 toneladas. O minério alemão continha apenas 25% de ferro, ao contrário do minério sueco, que apresentava um teor de ferro superior, mas que a Alemanha não tinha meios para adquirir. Esta dificuldade foi superada graças ao processo Krupp-Renn, que produzia aço de alta qualidade. Entre 1932 e 1939, o índice da produção de carvão cresceu 85,5%, passando de 69 para 128, enquanto o índice energético aumentou, no mesmo período, 76%, passando de 75 para 132.[268]

Esta atividade económica em constante crescimento teve como consequência a redução da taxa de desemprego, que tinha atingido os 30,1% em 1933, para quase zero em julho de 1939,[269] de tal forma que os trabalhadores reformados tiveram de ser novamente incentivados a retomar a atividade para colmatar a falta de mão de obra. Em contraste, a taxa de desemprego nos Estados Unidos, que tinha atingido os 25,1% em 1933, tinha, segundo o National Industrial Conference Board, diminuído marginalmente apenas para atingir os 19,8% em janeiro de 1940;[270] uma situação que deve ser atribuída à política irracional, mas não obstante deliberada, da Reserva Federal controlada por Rothschild e ao setor bancário privado parasitário.

O rendimento nacional da Alemanha cresceu 43,8%, passando de 45,2 mil milhões de RM para 65 mil milhões de RM, entre 1932 e 1937, enquanto que, entre 1932 e junho de 1939, o índice de produção de bens aumentou 219,6%, passando de 46 para 147;[271] no entanto, o custo de vida tinha aumentado apenas 4%, ou seja, menos de 1% ao ano, uma taxa que se

[268] *Statistical Year-Book of the League of Nations*, op. cit., p. 169. Os índices de produção foram fornecidos pela *Konjunkturforschung*, com base no ano de 1928.
[269] Em julho de 1939, 38 379 pessoas estavam inscritas no desemprego.
[270] *Anuário Estatístico da Liga das Nações*, op. cit., p. 70.
[271] Ibid., p. 169.

manteria ao longo dos 12 anos do sistema bancário estatal sob o nacional-socialismo. A política monetária alemã «era de tipo não inflacionista graças às despesas governamentais, que vinham aumentar a demanda, podendo, por sua vez, provocar um aumento crescente da quantidade de bens disponíveis.»[272]

Em 1939, a Alemanha tinha-se tornado o país mais poderoso da história da Europa. O seu Produto Interno Bruto registava um crescimento de 11% ao ano e tinha duplicado no espaço de seis anos de sistema bancário estatal. Os alemães eram agora o povo mais feliz e próspero do mundo, com pleno emprego e beneficiando do nível de vida mais elevado. Este sucesso foi alcançado graças ao empenho do povo alemão e ao apoio de um sistema monetário honesto, que não se baseava na usura nem no padrão-ouro.

Um dos mitos propagados pelos historiadores oficiais é que o renascimento económico alemão se baseou na produção de armamento. O quadro seguinte revela o nível modesto das despesas militares, que só começaram a crescer em 1938/1939, quando a Alemanha começou a sentir-se ameaçada pelos seus vizinhos.

Anos	Despesas Militares RM	Rendimento Nacional
1933/34	1,9 mil milhões	4%
1934/35	1,9 mil milhões	4%
1935/36	4 mil milhões	7%
1936/37	5,8 mil milhões	9%
1937/38	8,2 mil milhões	11%
1938/39	18,4 mil milhões	22%

Fonte: Deutsche Reichsbank

Mesmo uma despesa de 22% do rendimento nacional em defesa, pouco antes do início da Segunda Guerra Mundial,

[272] R.E. Elletson, op. cit., p. 60.

pode ser considerada não excessiva, se tivermos em conta que as fronteiras da Alemanha têm poucas barreiras naturais e que, naquela época, o país estava rodeado por vizinhos hostis: a Á a Checoslováquia, a França e a Polónia. A Alemanha teve também de reconstituir o armamento que lhe tinha sido proibido adquirir nos termos do Tratado de Versalhes. O historiador inglês A. J. P. Taylor escreve: «O estado do armamento alemão em 1939 fornece a prova decisiva de que Hitler não tinha previsto uma guerra geral e provavelmente não tinha qualquer intenção de entrar em guerra.»[273]

OS DESENVOLVIMENTOS DO PÓS-GUERRA

Em maio de 1945, o *Deutsche Reichsbank* cessou as suas operações, embora as suas atividades só tenham terminado efetivamente em 1961. Foi sucedido na parte ocidental do país pelo *Bank deutscher Länder* (Banco dos Estados Alemães), em[1 de]maio de 1948. Este banco introduziu o Deutsche Mark a 21 de junho de 1948 e ficou mais tarde conhecido como o *Deutsche Bundesbank*, que foi criado a 26 de julho de 1957. Embora legalmente independente e inspirada na Reserva Federal dos Estados Unidos, o Bundestag, ou parlamento federal, exercia um controlo e uma influência consideráveis sobre a sua política, pelo que não era, naquela época, tão independente como a maioria dos bancos centrais atuais.

Desde 2001, enquanto membro do Banco Central Europeu, o *Deutsche Bundesbank* delegou a maior parte da sua autoridade a esta organização. As suas responsabilidades remanescentes, que são partilhadas com o BCE, são a emissão de notas, a gestão da câmara de compensação, a supervisão e a gestão das reservas cambiais. O objetivo principal do BCE, tal como definido no artigo 127.º, n.º 1, do Tratado sobre o Funcionamento da União Europeia, é manter a estabilidade dos preços. Esta obsessão é em grande parte responsável pelo nível recorde de desemprego e pela fraca taxa de crescimento do PIB que estamos a viver, bem como pela queda da taxa de

[273] A.J.P. Taylor, *The Origins of the Second World War*, Hamish Hamilton, Londres, 1961, p. 218.

fertilidade.

O BCE foi criado a 1 de janeiro de 1998 e tornou-se formalmente um o operacional a 1 de janeiro de 1999, com a introdução da moeda única, o euro. Este banco controlado por Rothschild está ironicamente situado no n.º 29 da Kaiserstrasse, em Frankfurt am Main, não muito longe da *Judengasse* (a rua dos judeus), onde Mayer Amschel Rothschild e o seu irmão Kalman tinham criado uma loja de câmbio de moedas e medalhas na década de 1780. Para os 18 países que estupidamente adotaram o euro e aderiram ao BCE, a sua subjugação e escravidão são um *facto consumado*[274].

A ITÁLIA FASCISTA

A 28 de outubro de 1922, Benito Mussolini e o seu Partido Nacional Fascista chegaram ao poder. O fascismo deveria ser mais precisamente qualificado como corporativismo, pois simboliza uma fusão entre o Estado e o poder corporativista. Em 1936, a Câmara dos Deputados foi substituída por um Conselho Nacional das Corporações, composto por 823 representantes da indústria, dos trabalhadores e das províncias, que dirigiam a produção industrial e resolviam os conflitos laborais.

Na década de 1920, através da despesa pública, foi empreendido um programa de obras públicas de envergadura sem igual na Europa moderna da época. Foram construídas pontes, canais, autoestradas com 4.000 km, hospitais, escolas, estações ferroviárias e orfanatos. Foram plantadas florestas e dotadas universidades.[275] Os pântanos Pontinos foram drenados e 802 km^2 foram recuperados.[276] A agricultura foi subsidiada e regulada por um programa de autossuficiência nacional ou autarquia.

[274] N.D.T.: em francês no texto

[275] R.G. Price, *Fascismo Parte 1: Compreender o Fascismo e o Antissemitismo*, 23 de outubro de 2003 www.rational/revolution.ne/articles/understandingfascism.htm

[276] Hoje, 520 000 pessoas vivem nesta região anteriormente deserta.

O BANCO DO ESTADO DE ITÁLIA

Em 1926, Mussolini interveio pela primeira vez no setor bancário, concedendo ao Banco de Itália a prerrogativa de emitir notas de banco e a gestão das reservas mínimas do banco, incluindo as reservas de ouro. Utilizar o fascismo italiano «principalmente para criar um Estado autárquico não sujeito aos caprichos do comércio e das finanças mundiais»,[277] constituía o cerne da sua política. Em 1927, a Itália viu-se conceder um empréstimo de 100 milhões de dólares pelo JP Morgan, para fazer face a uma emergência. Posteriormente, Mussolini recusou-se a «negociar ou aceitar outros empréstimos provenientes do estrangeiro», pois «estava determinado a manter a Itália livre de qualquer servidão financeira em relação aos interesses bancários estrangeiros».[278]

Benito Mussolini inspeciona o andamento da drenagem dos pântanos de Pontine – Um dos seus triunfos da engenharia, que transformou esta região, outrora assolada pela

[277] K. Bolton, *The Banking Swindle Money Creation and the State*, Black House Publishing Ltd, Londres, 2013, p. 118.
[278] L. Villari, *Italian Foreign Policy under Mussolini*, Holborn Publishing Company, Londres, 1959, p. 59.

malária, numa zona de abundância agrícola.

Em 1931, o Estado arrogou-se o direito de supervisionar todos os principais bancos através do *Instituto Mobiliare Italiano* (Instituto Italiano de Valores Mobiliários). Em 1936, este processo foi concluído quando, através do *Atto di Riforma d e Bancaria* (Lei de Reforma Bancária), o Banco de Itália e todos os principais bancos se tornaram instituições estatais.[279]

O Banco de Itália era agora um banco estatal de pleno direito, sendo o único a deter o direito de criar crédito a partir do nada e de o distribuir aos outros bancos por uma quantia modesta. Os limites aos empréstimos do Estado foram levantados (tal como aconteceu com o Banco do Japão, ver mais adiante) e a Itália abandonou o padrão-ouro.

O Banco Estatal do Japão

O Banco do Japão, ou 日本銀行 (*Nippon Ginkō*), foi fundado a 10 de outubro de 1882. Embora a Casa Imperial japonesa fosse o seu acionista mais importante, funcionava como um banco central típico, ou seja, em benefício dos bancos privados e em detrimento do interesse geral.

Em 1929, C. H. Douglas, cujo sistema de crédito social já foi apresentado, realizou uma série de conferências no Japão. As suas propostas de permitir que o governo criasse a moeda e o crédito da nação sem juros foram recebidas com entusiasmo pelos líderes do governo japonês e do mundo da indústria. Todos os livros e panfletos de Douglas foram traduzidos para japonês, e venderam-se mais exemplares nesse país do que no resto do mundo.[280]

A reorganização do Banco do Japão num banco estatal administrado exclusivamente em benefício do interesse nacional teve início em 1932. A reforma do banco foi

279 A. J. de Grund, *Fascist Italy and Nazi Germany: The 'Fascist' Style of Rule*, George Routledge & Sons Ltd, Londres, 2004, p. 52.

280 «New Economics», 19 de janeiro de 1934, p. 8, citado por D.J. Amos, *The Story of the Commonwealth Bank*, Veritas Publishing Company, Bullsbrook, Austrália Ocidental, 1986, p. 44.

concluída em 1942, quando a Lei do Banco do Japão foi reformulada com base na legislação do Reichsbank alemão de 1939.[281] O banco funcionava da seguinte forma:

> «Fica entendido que o Banco é uma corporação especial com uma estrutura fortemente nacional. O Banco deve assumir a tarefa de controlar a moeda e as finanças, bem como de apoiar e promover o sistema de crédito em conformidade com a política do Estado, a fim de garantir o pleno uso do potencial da nação. Por outro lado, deve **«ser gerido tendo como único princípio orientador a concretização dos objetivos nacionais»** (Artigo 2.º). No que diz respeito às funções do Banco, a lei aboliu o antigo princípio da prioridade das finanças comerciais, dando-lhe total liberdade para supervisionar o financiamento industrial. A lei autorizou igualmente o Banco a conceder ao governo adiantamentos ilimitados sem contrapartida e a subscrever e absorver títulos do Tesouro. No que diz respeito à emissão monetária, a lei tornou o sistema de emissão máxima permanente, de modo que o Banco podia emitir à vontade para suprir as necessidades da indústria de defesa e do governo. Por outro lado, a supervisão do Banco pelo governo foi significativamente reforçada. O governo podia nomear e dar ordens aos presidentes e diretores; uma cláusula concedia ao governo amplos poderes para dar as chamadas «ordens funcionais» ao Banco, a fim de o obrigar a aplicar as medidas consideradas necessárias para o cumprimento dos objetivos do Banco. Além disso, a lei sujeitava grande parte dos assuntos financeiros do Banco à aprovação do governo, incluindo em áreas como a alteração das taxas, a emissão de notas e a supervisão das contas.»[282]

[281] www.veteranstoday.com/2011/06/26was-world-war-ii-fought-to-make-theworld-safe-for-usury e S. M. Goodson, A verdadeira razão do ataque japonês a Pearl Harbor, *The Barnes Review*, Washington D.C., Vol. XIV, n.º 6, novembro/dezembro de 2008, p. 41-45.

[282] *Money and Banking in Japan*, Departamento de Investigação Económica do Banco do Japão, traduzido por S. Nishimura, editado por L.S. Pressnell, Macmillan, Londres, 1973, p. 38.

O Japão tinha enfrentado as mesmas dificuldades traumáticas causadas pela Grande Depressão artificial. No entanto, a con e de um banco central privado para a metodologia de um órgão estatal produziu resultados que foram simultaneamente convincentes e duradouros.

ÍNDICES ECONÓMICOS DO JAPÃO 1931-1941

	Produtos Manufaturados	Todas as indústrias	Rendimento Nacional	PIB
1931	19,1	19,7	10,5	12,5
1932	20,2	20,8	11,3	13,0
1933	24,7	25,3	12,4	14,3
1934	26,4	27,0	13,1	15,7
1935	27,9	28,7	14,4	16,7
1936	31,5	32,3	15,5	17,8
1937	37,2	37,7	18,6	23,4
1938	38,2	39,0	20,0	26,8
1939	42,4	43,0	25,4	33,1
1940	44,3	44,9	31,0	39,4
1941	45,8	46,5	35,8	44,9

Fonte: Departamento de Estatística, Banco do Japão

Este quadro ilustra a melhoria progressiva que se verificou na economia japonesa, uma vez removidos os obstáculos à usura. Durante o período de 1931 a 1941, a produção de bens manufaturados e a produção industrial aumentaram, respetivamente, 140% e 136%, enquanto o rendimento nacional e o PIB registaram aumentos de 241% e 259%, respetivamente. Estes aumentos notáveis superaram largamente o crescimento económico do resto do mundo industrializado. O desemprego recuou de 5,5% em 1930 para 3% em 1938. Os conflitos laborais diminuíram com a redução das paralisações, que passaram de 998 em 1931 para 159 em 1941.

O desafio do Japão aos fabricantes de automóveis europeus – O pequeno Datsun estava à venda por um preço inferior ao dos carros mais baratos dos EUA ou do Reino Unido. Foi encomendado para testes na Índia, na Checoslováquia e na Grã-Bretanha. O príncipe Chichbe, irmão do imperador Hirohito, aparece na foto sentado ao volante do veículo na Associação Industrial do Japão, em Yokohama, em dezembro de 1934.

No final da década de 1930, o Japão tinha-se tornado a potência económica dominante da Ásia Oriental e as suas exportações ultrapassavam regularmente as da América e da Inglaterra. Em agosto de 1940, o Japão anunciou a formação de uma Esfera de Co-prosperidade da Grande Ásia Oriental.[283] O receio de que esses países acabassem por adotar os métodos bancários estatais do Japão representava uma ameaça tão

[283] Projeto inicialmente concebido pelo General Hachiro Arita, que ocupou o cargo de ministro dos Negócios Estrangeiros de 1936 a 1940. Esta cooperação foi anunciada oficialmente pelo ministro dos Negócios Estrangeiros Matsuoka Yosuke, a 1 de agosto de 1940.

grande para a Reserva Federal, detida por Rothschild, que uma guerra parecia ser o único meio de impedir que esse modelo virtuoso fosse reproduzido em maior escala.

Como o Japão foi arrastado para a Segunda Guerra Mundial

A partir de julho de 1939, as relações com os Estados Unidos deterioraram-se rapidamente depois de os EUA terem revogado unilateralmente o Tratado de Comércio de 1911, restringindo assim a capacidade do Japão de importar matérias-primas essenciais. Estas medidas foram abertamente impostas devido à guerra na China e foram seguidas, em junho de 1940, por um embargo ao querosene e por uma proibição de exportar minério de ferro e aço para o Japão, em novembro de 1940. A 25 de julho de 1941, todos os ativos japoneses na Inglaterra, na Holanda e na América foram congelados, depois de o Japão, com a permissão da França de Vichy, ter ocupado pacificamente a Indochina, de modo a bloquear o abastecimento chinês pelo sul, e todo o comércio entre o Japão e a América foi suspenso. Ao mesmo tempo, o presidente Franklin D. Roosevelt mandou fechar o Canal do Panamá a todos os navios japoneses, e foi imposto um embargo à borracha e ao petróleo, o que resultou, neste último caso, na perda de 88% de todos os abastecimentos. Sem petróleo, o Japão não podia sobreviver.

O General Primeiro-Ministro Hideki Tojo (outubro de 1941 – julho de 1944) explica no seu diário como os Estados Unidos obstruíram continuamente os esforços diplomáticos do Japão para manter a paz. As relações comerciais pacíficas do Japão eram continuamente sabotadas pelos EUA e esses obstáculos representavam uma grande ameaça para o futuro do país. O bloqueio económico foi, gradualmente, apertando um laço em torno do pescoço do Japão. Não só os Estados Unidos, a Inglaterra, a China e a Holanda cercavam o Japão através de sanções económicas, como as forças navais na região das Filipinas, de Singapura e da Malásia foram redistribuídas e reforçadas. Navios de guerra americanos foram avistados a patrulhar as águas territoriais do Japão. Um almirante americano, afirmou que a frota japonesa poderia ser afundada no espaço de duas semanas, enquanto o primeiro-ministro britânico, Winston Churchill, declarou que a Inglaterra se juntaria aos Estados Unidos em 24 horas.

O general Tojo escreveu: «O Japão tentou contornar estas circunstâncias perigosas através de negociações diplomáticas e, embora o Japão tenha feito inúmeras concessões, uma após a outra, na esperança de encontrar uma solução através de um compromisso mútuo, não houve qualquer progresso porque os Estados Unidos não se desviaram da sua posição inicial. Por fim, no final, os Estados Unidos reiteraram exigências que, neste caso, o Japão não podia aceitar: a retirada total das tropas da China, a repudiação do governo de Nanquim e a retirada do Pacto Tripartido.»[284]

Foram feitas numerosas tentativas diplomáticas por parte do Japão, incluindo a proposta de uma cimeira a 8 de agosto de 1941, mas todas elas fracassaram. A 2 de dezembro de 1941, o Japão tinha visto 75% do seu comércio externo cortado pelo bloqueio dos Aliados e viu-se, por isso, forçado a atacar a América para tentar manter a sua prosperidade e garantir a sua existência como nação soberana. A pressão constante e a falta de compromisso dos agiotas de Nova Iorque tinham deliberadamente provocado o Japão para que tomasse medidas de retaliação.

OS DESENVOLVIMENTOS DO PÓS-GUERRA

Na sequência da derrota do Japão, uma das primeiras decisões das forças de ocupação dos Estados Unidos no Japão, em setembro de 1945, foi reestruturar o sistema bancário japonês,

[284] *The Journal for Historical Review*, Vol. 12, N.º 1, Primavera de 1992, Diário de Prisão de Hideki Tojo, p. 41-42. O Pacto Tripartido, assinado a 27 de setembro de 1940, era um acordo com a duração de dez anos entre a Alemanha, a Itália e o Japão. O seu principal objetivo era manter a sua nova ordem económica baseada num sistema bancário isento de juros abusivos e promover a prosperidade mútua e o bem-estar respetivo dos seus povos. O Artigo 3.º previa assistência política, económica e militar no caso de uma das três potências ser atacada por uma potência ainda não envolvida na guerra na Europa ou no conflito sino-japonês.

para o tornar compatível com a norma dos banqueiros internacionais, o, ou seja, a usura. O financiamento ilimitado do Estado pelo Banco do Japão foi abolido e os grandes conglomerados industriais, os *Zaibatsu*, foram desmantelados. Esta política foi aplicada por Joseph Dodge, um banqueiro de Detroit, que era o conselheiro financeiro do Comandante Supremo das Forças Aliadas, o General Douglas MacArthur.

O Ministério das Finanças conseguiu, no entanto, manter algum controlo sobre o sistema bancário e, em particular, sobre a política monetária. Em 1988, o Japão foi fortemente afetado pela adoção das medidas de Basileia I, que obrigavam o Banco do Japão a angariar capital mínimo para os seus ativos de risco, aumentando-o de 2% para 8%. Esta decisão provocou uma recessão que dura há 26 anos.

Em abril de 1998, o ministro das Finanças foi obrigado por lei a submeter-se ao Banco do Japão, uma instituição independente. Desde então, o Banco do Japão tem funcionado como um banco central típico sob o controlo dos Rothschild, raramente exercendo as suas prerrogativas no melhor interesse do povo japonês.

CAPÍTULO VII

AS FORMAS MODERNAS DO BANCO DO ESTADO

«O Banco foi concebido na iniquidade e nasceu do pecado. Os banqueiros possuem a terra. Retirem-lhes a terra, mas deixem-lhes o poder de criar dinheiro e, com um traço de caneta, criarão o suficiente para a recomprar na totalidade. No entanto, retirem-lhes esse poder e todas as grandes fortunas, como a minha, desaparecerão como deveriam desaparecer, pois o mundo em que viveríamos então seria apenas melhor e mais feliz. Mas se desejam continuar a ser escravos dos banqueiros e a pagar o custo da vossa própria servidão, então deixem-nos continuar a criar dinheiro.»

- Sir Josiah Stamp,
antigo diretor do
Banco de Inglaterra

O BANCO DO DAKOTA DO NORTE[285]

Em 1919, os 48 estados dos Estados Unidos viram-se confrontados com a oportunidade de criar o seu próprio banco estatal. O Dakota do Norte foi o único estado a aceitar esta oferta.

O Dakota do Norte, cuja capital se chama Bismarck, tem uma população de 684 000 habitantes. Está situado no centro da América, perto da fronteira com o Canadá. Apesar dos invernos muito rigorosos, a sua principal fonte de rendimento direto e indireto provém da agricultura. O estado ocupa o primeiro lugar na produção de trigo, essencialmente trigo duro[286], cevada, canola, linho, aveia e sementes de girassol. O

[285] http://banknd.nd.gov/

[286] Um tipo de trigo mais duro utilizado para confecionar esparguete e outros tipos de massa.

óleo de xisto obtido por fraturamento hidráulico na bacia de Bakken e o lignite são os principais recursos mineiros do estado.

O banco estatal do Dakota do Norte foi fundado por uma coligação de agricultores em 1919.

A maioria dos estados dos Estados Unidos está tecnicamente insolvente; com exceção do Dakota do Norte e do seu vizinho a oeste, o Montana, todos enfrentam défices orçamentais. Em comparação, a Califórnia, o estado mais importante em termos económicos e atualmente a décima segunda maior economia do mundo, registava um défice de 23 mil milhões de dólares em abril de 2013 e paga 10,4 mil milhões de dólares em juros todos os anos. Em 2012, a sua dívida em obrigações ascendia a 167,9 mil milhões de dólares. Ao contrário dos outros 49 estados, que sofrem de uma taxa de desemprego em constante crescimento, a do Dakota do Norte diminuiu e é atualmente a mais baixa do país, situando-se nos 2,7%. O estado é também aquele que apresenta a taxa de falências empresariais mais baixa dos Estados Unidos.

Em setembro de 2012, o Dakota do Norte registava um excedente orçamental de 1,6 mil milhões de dólares. Entre 1997 e 2010, o seu PIB cresceu 93,4%, passando de 16 mil milhões de dólares para 31 mil milhões de dólares. Durante o período de 2000 a 2011, o rendimento individual per capita aumentou 127%, passando de 20 155 dólares para 45 747 dólares, enquanto o crescimento a nível nacional no mesmo período foi de apenas 37,4%.

O segredo do seu sucesso reside no seu banco estatal. A missão do banco é prestar um serviço financeiro que apoia a agricultura, o comércio e a indústria. De acordo com a lei, o Estado deve depositar todos os seus fundos no banco, que lhe paga uma taxa de juro competitiva.

O banco repassa ao Estado a totalidade dos seus lucros, que em 2011 ascenderam a 60 milhões de dólares. Mais de 460 milhões de dólares foram repassados ao Estado nos últimos 11 anos. A maior parte desses fundos é utilizada para compensar as reduções de impostos. O banco também fornece um mercado secundário para empréstimos imobiliários, garantias a novas empresas e créditos a agricultores a uma taxa de juro de 1% ao ano. O Dakota do Norte não sofreu nenhuma crise de crédito nem congelamento de crédito, uma vez que o banco fornece ao estado o seu próprio crédito. Ao ter estabelecido a sua própria soberania económica, o Dakota do Norte tornou-se o estado mais próspero e financeiramente sustentável de todos os Estados Unidos.

Mesmo que o banco estatal não resolva o impasse financeiro vivido a nível nacional, os bancos estatais dos EUA têm o potencial de proporcionar um alívio considerável a nível do governo estadual, sob a forma de excedentes orçamentais, reduções significativas de impostos, redução do desemprego e um elevado nível de prosperidade. Em junho de 2014, 25 estados estavam a ponderar legislação que permitisse a criação de um banco estatal.[287]

OS ESTADOS DE GUERNSEY

Em 1815, quando as Guerras Napoleónicas chegaram ao fim, Guernsey encontrava-se numa situação precária. As suas estradas estavam em mau estado, os diques e a economia tinham entrado em colapso. A ilha não conseguia contrair

[287] http://publicbankinginstitute.org/

empréstimos, pois não conseguia cobrar impostos suficientes para pagar os juros exigidos.

Em 1816, para financiar obras públicas e uma nova praça do mercado, o Comité dos Estados de Guernsey considerou uma solução inovadora. Emitiu 6.000 libras sob a forma de notas de uma libra, sem dívida nem juros. No espaço de dois anos, todas as obras foram concluídas sem que o seu financiamento tivesse aumentado de forma alguma a dívida pública.[288]

Realizou-se outra emissão de 5.000 libras, incluindo desta vez notas de cinco libras, com o objetivo de reconstruir o Elizabeth College, fundado pela Rainha Isabel Iem 1563, e a escola paroquial. Em 1837, estavam em circulação 55.000 libras. A ilha experimentou um aumento do turismo e um nível de prosperidade nunca antes alcançado.

A Antiga Praça do Mercado de St Peter Port foi financiada em 1816 através da emissão de 6.000 libras em notas sem dívida e sem juros.

Em 1914, a emissão dos Estados atingiu 142 000 libras. Em 1937, 175 000 libras. O custo de impressão destas notas foi de 450 libras, em comparação com o serviço anual de juros, que deveria ter ascendido a 11 383 libras (6,5 %). Em 1958, havia

[288] Os Grubiaks constituem um exemplo interessante de como os juros compostos podem escravizar uma comunidade. Em 1817, o mercado de frutas de Glasgow foi financiado por um empréstimo com juros no valor de 60 000 libras. Este só foi finalmente reembolsado 139 anos mais tarde, em 1956. A taxa de juros compostos entre 1816 e 1910 não é conhecida, mas entre 1910 e 1956 foram pagos 267 886 libras.

542 765 libras em circulação. Atualmente, há 43,8 milhões de libras em circulação.[289] Hoje, Guernsey tem uma população de 65 400 habitantes que desfruta de um dos mais elevados níveis de vida do mundo. O imposto sobre o rendimento em vigor é de 20%, independentemente da sua proveniência, mas está limitado a 220 000 £ por ano. Não há imposto sobre as sociedades, exceto uma taxa de 10% sobre determinadas atividades bancárias, nem imposto sobre o capital, nem imposto sucessório, nem imposto predial, nem IVA, nem imposto sobre transferências de capitais. Guernsey não tem dívida pública.

O BANCO CENTRAL DA LÍBIA

De 1551 a 1911, a Líbia foi governada pelo Império Otomano, pela Itália de 1911 a 1943 e, entre 1943 e 1951, esteve sob a dupla soberania militar da Grã-Bretanha e da França. O Banco Central da Líbia foi fundado em 1956 e funcionou como um banco central típico até ao *golpe de Estado*[290] sem derramamento de sangue, de 1 de setembro de 1969.

Em 1959, foi descoberto petróleo de qualidade excecional. No entanto, o rei Idris al Mahdi as-Sanusi não conseguiu capitalizar esta fonte de riqueza nem utilizá-la em benefício do seu povo, e a maior parte dos lucros do petróleo foi desviada para as contas das companhias petrolíferas.

Ao tomar o poder em 1969, Muammar Kadhafi assumiu o controlo das atividades económicas do país, incluindo o banco central, que, na prática, era gerido como um banco estatal. Este servia de super-banco para os bancos locais e os bancos estrangeiros não estavam autorizados a realizar operações nele. O financiamento das infraestruturas governamentais não provinha da *riba* (juros) e a Líbia não tinha dívida pública nem tinha contraído qualquer empréstimo no estrangeiro. As suas reservas de divisas estrangeiras ultrapassavam os 54 mil milhões de dólares, o que pode ser comparado às reservas de

[289] Departamento do Tesouro e Recursos, Guernsey, 16 de novembro de 2012.
[290] N.D.T.: em francês no texto.

países desenvolvidos como o Reino Unido e o Canadá, que em 2010 possuíam, respetivamente, 50 mil milhões e 40 mil milhões de dólares. O crescimento do PIB durante o período de 2000 a 2010 foi de 4,32% ao ano e a taxa oficial de inflação situava-se em -0,27%.[291]

O Coronel[292] Kadhafi era retratado nos meios de comunicação como um «terrível ditador e um monstro sugador de sangue»[293], mas a realidade é que, com exceção da cidade de Benghazi e dos seus arredores, ele contava com o apoio de 90% da população.[294]

As seguintes vantagens proporcionadas por Kadhafi explicam as razões da sua popularidade:

- Ensino gratuito.
- Os estudantes recebiam um salário médio correspondente à área de estudo.
- Aos estudantes no estrangeiro era concedida habitação, um carro e 2.500 € por ano.
- Eletricidade gratuita.
- Cuidados médicos gratuitos.
- Habitação gratuita (as hipotecas eram proibidas).
- Os recém-casados recebiam 60 000 dinares (50 000 $)[295] como presente do governo.
- Os carros eram vendidos a preço de fábrica, sem juros.
- Os créditos a particulares eram concedidos sem juros.
- Um pão custava 15 cêntimos.

[291] www.theglobaleconomy.ca
[292] A sua patente efetiva era, na verdade, a de Tenente.
[293] http://embassy-finder.com/libya_in_kuwait_kuwait
[294] Apesar dos bombardeamentos incessantes da OTAN, a 1 de julho de 2011, um milhão de habitantes de Trípoli (de uma população de 2,2 milhões) reuniram-se numa manifestação em apoio ao seu líder, o irmão Kadhafi.
[295] 1 $ = 1,20 dinar líbio.

- A gasolina custava 12 cêntimos por litro.
- Uma parte das receitas da venda de hidrocarbonetos era depositada diretamente nas contas bancárias dos cidadãos.
- Os agricultores recebiam terras, sementes e gado gratuitamente.
- Havia pleno emprego, e aqueles que estavam temporariamente desempregados recebiam o equivalente ao seu salário.

Muammar Mohammed Kadhafi – Era um discípulo rigoroso do Alcorão Sagrado, que aboliu toda a forma de usura e colocou o Banco Central da Líbia ao serviço do povo líbio.

A Jamahiriya, o «Estado do povo» de Kadhafi, assegurava que as riquezas deste país de 5,79 milhões de habitantes fossem distribuídas de forma justa por toda a sua população. Não existiam mendigos nem sem-abrigo, a esperança de vida de 75 anos era a mais elevada de África e situava-se 10% acima da média mundial. A taxa de alfabetização era de 82%. No que diz respeito aos direitos humanos, a Líbia ocupava a 61.ª posição no Índice Internacional de Encarceração. Quanto mais baixa for a pontuação, mais elevada é a taxa. O primeiro lugar é atualmente ocupado pelos Estados Unidos.[296]

Outra grande conquista de Kadhafi diz respeito à transformação da Bacia da Núbia num Grande Rio Artificial, que fornece diariamente 6 500 000 m^3de água potável às cidades de Trípoli, Sirte e Benghazi. A água extraída é dez vezes mais barata do que a água dessalinizada. O custo total d e do projeto, estimado em 25 mil milhões de dólares, foi financiado sem um único empréstimo estrangeiro.

Embora os bancos centrais da Bielorrússia, Birmânia, Cuba, Irão, Coreia do Norte, Sudão do Norte e Síria não estejam diretamente sob o controlo do cartel bancário dos Rothschild, a Líbia possuía o único banco central a funcionar de forma estatal, gerando os sintomas clássicos de pleno emprego, inflação zero e um paraíso moderno para os trabalhadores.

Tudo isto leva a questionar as razões da intervenção da OTAN sob o pretexto de alegadas violações dos direitos humanos, que a organização teria a suposta responsabilidade de proteger. Desde 1971, quando os Estados Unidos abandonaram o padrão-ouro em favor do petrodólar com a conivência da Arábia Saudita, qualquer tentativa de suplantar o dólar americano como moeda de reserva dominante foi bloqueada e combatida com violência.

Em novembro de 2000, Saddam Hussein decretou que todas as transações de hidrocarbonetos seriam denominadas em euros, pois já não desejava negociar utilizando a «moeda do inimigo».[297] Como se veio a demonstrar posteriormente, o embuste das armas de destruição maciça não passou de um falso pretexto e foi precisamente esta decisão monetária que custou a vida a Saddam Hussein e a destruição do seu país.

Em circunstâncias semelhantes, Kadhafi anunciou em 2010 a criação de um dinar-ouro para o pagamento de todas as transações estrangeiras numa região que abrangia 200 milhões

---

[296] S. Goodson, *The Truth About Libya,* 4 de abril de 2011, http://rense.com/general/93/truth.htm

[297] *Time,* 13 de novembro de 2000.

de habitantes. Naquela época, a Líbia possuía 144 toneladas de ouro. O que se propunha não era, em si, um regresso ao padrão-ouro *propriamente dito*, mas a implementação de uma nova unidade de medida para as exportações de petróleo e outros recursos que deveriam ser liquidados em dinares-ouro.[298] Kadhafi tinha ultrapassado a linha vermelha e pagou o preço máximo por isso.

Desde 2007, o Irão exigiu que os pagamentos fossem efetuados em euros. A 17 de fevereiro de 2008, a Bolsa de Petróleo Iraniana utilizava principalmente o euro, o rial iraniano e um cabaz de moedas não americanas para as suas transações de hidrocarbonetos, produtos petroquímicos e gás. A primeira carga de petróleo a funcionar sob este novo sistema foi vendida através deste mercado em julho de 2011. Este acontecimento deve ser considerado como a principal causa das repetidas ameaças israelitas e americanas contra o Irão.

[298] O Dinar-Ouro: Salvar a economia mundial graças a Kadhafi, www.globalresearch.ca, 5 de maio de 2011.

CAPÍTULO VIII

A Crise Bancária e o Declínio Final da Civilização

«Receio que o cidadão comum não gostasse de saber que os bancos podem e, de facto, criam e destroem dinheiro. A quantidade de dinheiro em circulação varia apenas em função do aumento e da diminuição dos depósitos e dos créditos bancários... e aqueles que controlam o crédito de uma nação, dirigem a política do Governo e têm na palma da mão o destino dos povos»[299]

- Reginald McKenna,
antigo Ministro das Finanças.

Panorama histórico

As crises bancárias assumem habitualmente três formas: (i) um único banco entra em colapso devido à falta de confiança e à retirada massiva dos seus depósitos, (ii) uma corrida aos bancos quando vários bancos entram simultaneamente em falência e (iii) quando todo o sistema implode.

No século XVIII, as crises bancárias limitaram-se aos países que possuíam bancos centrais e praticavam a usura, nomeadamente a Inglaterra, os Países Baixos e a Suécia.

Em 1710, o Sword Blade Bank, em concorrência com o Banco de Inglaterra, adquiriu uma parte da dívida pública em troca de ações do Sword Blade. No ano seguinte, a Companhia dos Mares do Sul realizou uma operação semelhante e, em 1720, recuperou o restante da dívida governamental em troca das suas ações sobrevalorizadas. A Companhia dos Mares do Sul era, na verdade, apenas uma empresa fantasma e nem sequer

[299] Discurso do presidente aos acionistas do Midland Bank, em 25 de janeiro de 1924.

er e dotada de ativos comerciais. A 24 de setembro de 1720, o Sword Blade Bank foi colocado em liquidação e, no final desse ano, as ações da Companhia dos Mares do Sul tinham perdido quase 90% do seu valor de 1.000 libras por unidade.

Em 1763, após o fim da Guerra dos Sete Anos (1756-1763), os *wissels* ou notas emitidas pelo banqueiro holandês Leendert Pieter de Neufville não puderam ser reembolsados e provocaram uma corrida aos bancos dos Países Baixos, da Alemanha e da Suécia.

Em janeiro de 1772, a casa bancária londrina de Neal, James, Fordyce e Down, que se tinha dedicado a uma especulação em grande escala através da venda a descoberto de ações da Companhia das Índias Orientais, faliu após não ter conseguido cobrir as suas perdas devido aos levantamentos massivos dos seus clientes. Vinte e dois bancos de importância significativa e quase todos os bancos privados da Escócia foram colocados em liquidação. O contágio fez-se sentir até Amsterdã. Muitos bancos locais passaram por uma crise de liquidez, incluindo o Clifford and Sons, que faliu.

A partir de então, quase todas as crises bancárias seriam provocadas pelo modelo de banco central que permite aos bancos privados criar moeda através de uma dívida com juros e, posteriormente, destruí-la assim que esta é reembolsada. Assim, os dois primeiros pânicos de 1792 e de 1796-1797 nos Estados Unidos foram causados pelo First Bank of the United States, quando este restringiu voluntariamente o acesso ao crédito para provocar um colapso económico.

Um desastre financeiro semelhante e a depressão que se seguiu foram planeados e executados em 1819 pelo Segundo Banco dos Estados Unidos, propriedade de Rothschild, enquanto a Inglaterra também foi assolada por um pânico artificial em 1825 e em 1847. Durante o pânico de 1825, 66 bancos foram forçados a cessar as suas atividades.

Outro pânico bancário nos Estados Unidos ocorreu em 1857, devido a uma escassez de ouro orquestrada que levou à falência d e da Ohio Life Insurance and Trust Company. Como já referimos no Capítulo IV, assim que os Estados Unidos foram obrigados a adotar o padrão-ouro em janeiro de 1873, instalou-se um padrão de pânicos bancários cada vez mais frequentes e intensos. Menos de oito meses depois, em setembro do mesmo ano, os Estados Unidos mergulharam numa recessão premeditada que durou quatro longos anos.

As crises financeiras que se seguiram, em 1884, 1890, 1890-1891, 1893-1894, 1897, 1903 e 1907, foram todas deliberadamente orquestradas com o objetivo de mergulhar o povo americano num estado de confusão e desespero. Após 40 anos de caos planeado, bolhas e colapsos bolsistas, bem como uma campanha mediática de desinformação, a população capitulou docilmente e o sonho dos banqueiros conspiradores de instituir um banco central dos Estados Unidos concretizou-se a 23 de dezembro de 1913.

Após a Grande Depressão, que tinha sido orquestrada pela Reserva Federal[300], prevaleceu um período de relativa estabilidade até à década de 1990, quando um número crescente de países sofreu crises económicas e dificuldades financeiras. (Finlândia, Suécia, Venezuela, Indonésia, Coreia do Sul, Tailândia, Rússia, Argentina, Equador e Uruguai).

A Crise Bancária de 2007

As sementes da atual crise bancária foram lançadas quando a Lei Glass-Steagall de 1933, que proibia os bancos de possuir instituições financeiras e separava os bancos das sociedades de investimento, foi revogada a 12 de novembro de 1999. Na época da promulgação da lei original, o senador Carter-Glass, um antigo Secretário do Tesouro dos EUA e um dos seus promotores, observou: «Com uma pistola, um homem pode roubar um banco, mas com um banco, um homem pode roubar o mundo inteiro.»

[300] Em 2002, em resposta a uma pergunta feita pelo Professor Milton Friedman a Ben Bernanke, então membro do conselho académico da Reserva Federal de Nova Iorque, sobre a Grande Depressão, Bernanke respondeu: «No que diz respeito à Grande Depressão. Tem razão, fomos nós os responsáveis. Lamentamos imenso.»

Perto do fim do mandato da administração Clinton, foi declarado que todos tinham o direito de possuir a sua própria casa e, para esse efeito, o Ministério da Habitação e do Desenvolvimento implementou um programa denominado Parceria Estratégica para a Propriedade Nacional e o Sonho Americano. Para atrair o máximo de proprietários, os requisitos de acesso ao crédito foram consideravelmente reduzidos e o governo concedeu aos mutuários um crédito fiscal de 8 000 dólares. Foram propostas taxas de juro atrativas durante os dois primeiros anos, mas acompanhadas de taxas substancialmente mais elevadas a pagar posteriormente.

O senador **Carter-Glass**, cuja legislação proibia os bancos de possuir instituições financeiras e separava os bancos das sociedades de investimento. Esta lei foi revogada em 1999, com consequências devastadoras.

Entre 1998 e 2006, o preço dos imóveis aumentou 124%, mas dois anos depois, registou-se uma queda de 20%. Ao contrário dos preços em alta, a acessibilidade à habitação apresentava uma tendência de declínio. Entre 1980 e 2000, o rácio entre o custo de uma habitação média e a da renda média das famílias era de 3, mas em 2006 tinha subido para 4,6. Os contratos de swap de risco de crédito (CDS), criados para especular contra os riscos associados ao crédito, multiplicaram-se entre 1998 e 2008, chegando a atingir 47 biliões de dólares e correspondendo a um valor nocional de 683 biliões de dólares.

O laureado com o Prémio Nobel **Frederick Soddy**, cujas visões sobre o sistema monetário e bancário se baseiam na física e revelaram a falsidade do crescimento económico perpétuo.

Para alimentar a bolha imobiliária, foram desenvolvidos produtos financeiros inovadores, tais como os CDO (títulos de dívida garantidos por ativos). Empréstimos imobiliários com potencial de reembolso variável foram titularizados e, após terem recebido notas que garantiam a sua fiabilidade por parte das agências de notação financeira — de forma fraudulenta, como se viria a descobrir mais tarde —, foram vendidos, na maioria d es, a investidores ingénuos.[301]

Com o objetivo de levar mais longe esta cultura da ganância, o setor bancário paralelo, que inclui os bancos de investimento e os fundos especulativos, cujos ativos totais ascendiam, na altura, a mais de 100 biliões de dólares, comercializou agressivamente estes produtos, apesar de, em junho de 2007, 39% de todos os empréstimos imobiliários não cumpriam os requisitos de um emitente clássico.

A bolha rebentou quando o Lehmann Brothers foi declarado em falência a 15 de setembro de 2008. Foi solicitada uma medida de resgate de emergência e o Congresso atribuiu uma verba de 700 mil milhões de dólares ao Plano Paulson, mas isso era apenas a ponta do iceberg, pois a Reserva Federal concedeu, desde então, mais de 16 biliões de dólares em ajudas a bancos nacionais e estrangeiros. De acordo com as memórias «[302] », de Neil Barofsky, Inspetor-Geral do Plano Paulson, o montante final poderá ultrapassar os 24 biliões de dólares. Não é, portanto, surpreendente saber que, durante o período de 2008 a 2013, a Reserva Federal viu o seu balanço aumentar 500%, atingindo 5 biliões de dólares, tudo isto para manter um setor bancário insolvente com o seu programa de flexibilização quantitativa semelhante ao esquema de Ponzi[303], enquanto, numa linha semelhante, os balanços dos seis maiores bancos ocidentais registaram um aumento de 336,4% entre 2007 e 2012, passando de 10,7 biliões de dólares para 14,6 biliões de dólares.

CAUSATUM

No meio das consequências desta crise financeira, começaram

[301] Uma das vítimas mais espetaculares desta fraude foi o Fundo de Pensões Petrolífero do Governo da Noruega, o segundo fundo soberano mais importante do mundo, que registou perdas de 90 mil milhões de dólares em 2008. Este prejuízo anulou efetivamente todos os lucros dos 12 anos anteriores. http://news.bbc.co.uk/2/hi/business/7961100.stm

[302] N. Barofsky, *Bailout: An Inside Account of How Washington Abandoned Main Street While Rescuing Wall Street*, Free Press, Nova Iorque, 2012, p. 288. Em novembro de 2011, o Levy Economics Institute, do Bard College de Nova Iorque, calculou que o resgate total ascendia a 29 biliões de dólares.

[303] Charles Ponzi foi um vigarista americano do início do século XX.

a surgir tentativas de remediar o que parecia ser um problema insolúvel. A reforma Dodd-Frank de Wall Street e a Lei de Proteção ao Consumidor foram promulgadas em 21 de julho de 2010. Elas contêm várias obrigações regulatórias concebidas para promover a responsabilidade, a estabilidade financeira e a transparência. 200 páginas da lei são dedicadas à reforma dos empréstimos hipotecários e incluem condições de concessão mais rigorosas e a obrigação de os corretores de crédito se certificarem de que os mutuários têm capacidade para reembolsar os seus empréstimos.

Os responsáveis do Comité de Basileia sobre Supervisão Bancária propuseram aumentar os níveis de capital e os rácios de liquidez, na esperança de que estas medidas reforcem o setor bancário. A intenção é que todas elas sejam postas em prática até 31 de março de 2019. No entanto, é provável que elas apenas produzam o efeito contrário, provocando uma redução ainda maior da massa monetária e, com isso, agravando a recessão.

O que a maioria dos banqueiros e economistas não compreende é que o único método disponível para preservar a economia é endividar-se um pouco mais (com juros), pois a moeda baseada na dívida é o nosso único meio de troca. Daí todos esses mantras tão persistentes quanto ridículos, repetindo que o crescimento deve ser mantido a todo o custo, porque se todos os empréstimos tivessem de ser reembolsados, a massa monetária desapareceria e ficaríamos reduzidos a trocar bens e serviços por meio da troca direta. Na situação atual, uma anulação da dívida mundial não seria, portanto, de mais, se a massa monetária pudesse ser substituída por um sistema bancário estatal que criasse moeda sem dívida nem juros.

A razão subjacente pela qual o mundo desenvolvido, que antes produzia produtos duráveis e de qualidade superior, foi parcialmente desindustrializado, é que bens de qualidade medíocre têm de ser continuamente produzidos por países do terceiro mundo para alimentar a síndrome do crescimento. Isto vem também sublinhar o absurdo de que a Europa precisaria de crescimento e de um o económico, quando a sua população nativa está em declínio. Esta política deliberada de obsolescência programada e de crescimento forçado tem também efeitos nocivos sobre o ambiente. Como observaremos na última secção, a queda da taxa de fertilidade das mulheres do mundo desenvolvido, que é uma consequência direta da usura, conduzirá à extinção da civilização.

Em conclusão, podemos observar que o principal objetivo oculto da atual crise bancária é criar um sentimento geral de desespero e um coro de aplausos para a criação de um Banco Central Mundial — uma situação semelhante à que prevaleceu nos Estados Unidos durante o século XIX, quando pânicos bancários foram artificialmente gerados em preparação para a criação da Reserva Federal. Quando os banqueiros parasitas tiverem alcançado este objetivo, é duvidoso que o hospedeiro que os alimenta não tenha, nessa altura, desaparecido.

A GRANDE DEPRESSÃO DO SÉCULO XXI

Uma das principais causas da bolha da dívida em constante crescimento reside na política suicida da globalização e do livre comércio, que provocou a desindustrialização parcial já mencionada dos Estados Unidos, do Reino Unido e da Europa. A deslocalização das indústrias para os países do terceiro mundo provocou uma redução da base industrial do mundo desenvolvido, um desemprego estrutural de natureza permanente e um défice comercial crescente. Numa tentativa de manter um nível de vida em vias de colapso, os consumidores dos países afetados foram forçados a recorrer a níveis de endividamento privado cada vez mais elevados. Assim, nos Estados Unidos, durante a década de 1980, eram necessários 2,37 dólares de dívida privada para produzir 1 dólar de crescimento do PIB; na década de 1990, o montante era de 2,99 dólares; e na década de 2000, um aumento dramático de 5,67 dólares por cada dólar de crescimento económico – um nível que em breve se tornará insustentável.

Um fator ainda mais agravante é o aumento do custo da extração de energia, também conhecido como taxa de retorno energético, o EROEI («*Energy Returned On Energy* Invested»), que se aproxima rapidamente de um ponto crítico. De acordo com o relatório Tullet Prebon,[304], em 1990 o custo teórico da energia teria sido de 2,43% do PIB,[305], e em 2010 teria quase duplicado para 4,7% do PIB. Prevê-se que atinja 9,6% do PIB em 2020 e 15% até 2030. Este declínio no rendimento energético, que causará o encerramento generalizado de setores inteiros da indústria mineira e industrial e afetará a agricultura, prenuncia uma queda muito substancial do nível de vida.[306]

Os custos crescentes da extração de energia não são os únicos desafios que aguardam a humanidade. Nos últimos 100 anos, o consumo de água quadruplicou e continua a aumentar. Atualmente, 1,6 mil milhões de pessoas enfrentam escassez de água e, de acordo com um relatório americano recente de junho de 2014, a procura mundial de água excederá a oferta disponível em 40% em 2030.[307]

No entanto, o fator que supera todas estas considerações macroeconómicas é a queda da taxa de natalidade no mundo desenvolvido. Na viragem do século XX, a população branca mundial ascendia a 590 milhões, ou 36% de um total de 1,65 mil milhões. Atualmente, a sua percentagem na população mundial reduziu-se para 15%. Duas guerras mundiais fratricidas e inúteis, desencadeadas para a manutenção do sistema usurário, provocaram este declínio catastrófico.

O quadro seguinte, que ilustra a taxa de fertilidade[308], revela a inevitabilidade e a certeza quase matemática de que, em 2100,

[304] T.M. Morgan, *Perfect storm energy, finance and end of growth*www.tullettprebon.com/Documents/strategyinsights/TPSI009PerfectStorm009.pdf

[305] O suposto período de esplendor do professor Frederick Soddy, antes de a entropia se manifestar, o que, neste caso, significa a escassez de matérias-primas relativamente raras.

[306] Praticamente todas as terras agrícolas estavam a ser cultivadas em 1960. Entre 1950 e 1984, por exemplo, a produção mundial de cereais aumentou 280%. No entanto, o aumento da produção agrícola baseou-se quase inteiramente nos fertilizantes utilizados. Um aporte energético adequado permitiria reduzir a produção alimentar quase para metade.

[307] http://theeconomiccollapseblog.com/archives/25-shocking-facts-abouttheearths-dwindling-water-resources

[308] www.en.wikipedia.org/wiki/List-of-sovereign-states-and-dependentterritories-by-fertility-rate

a maioria dos povos brancos e uma grande parte dos povos asiáticos do nordeste da Ásia terão desaparecido.

Nigéria	5,32
Paquistão	3,52
Egito	2,89
Bangladesh	2,83
Índia	2,81
Indonésia	2,18
México	2,21

A primeira coluna da tabela de taxas de fertilidade acima apresenta todos os países com uma população superior a 100 milhões, enquanto a tabela seguinte apresenta os países com população maioritariamente branca e as nações do Extremo Oriente. A taxa de fertilidade necessária para a reposição da população é de 2,11.[309] Assim, as populações brancas, chinesas e japonesas serão seriamente dizimadas no espaço de três gerações,[310] e, a menos que a taxa de natalidade aumente significativamente, enfrentarão a sua eventual extinção.

EUA	2,05
Reino Unido	1,94
Brasil	1,90
França	1,89

[309] A taxa média de fertilidade mundial é de 2,55, mas é difícil determinar se este número foi calculado aritmeticamente ou através de uma média ponderada.

[310] A idade média atual em que uma mulher dá à luz o seu primeiro filho é de 30 anos, enquanto há 40 anos era de 25 anos.

Austrália	1,79
Suécia	1,67
China	1,55
Canadá	1,53
Alemanha	1,41
Espanha	1,41
Itália	1,38
Rússia	1,34
Japão	1,27
África do Sul	2,64 A taxa de fertilidade dos brancos é de 1,5.

Com base na tabela acima, é importante referir que uma taxa de fertilidade de 1,3 demora entre 80 a 100 anos a ser revertida, o que é quase impossível; enquanto que, historicamente, uma taxa de fertilidade de 1,9 nunca foi revertida. Além disso, a gravidade do declínio da população branca é mascarada pelo facto de uma grande proporção de não-brancos, que têm uma taxa de fertilidade superior, estar incluída nestes números.

A percentagem de brancos nos seguintes países principais apresenta-se da seguinte forma:

Brasil	48
Alemanha	88[311]
Reino Unido	86[312]

[311] De acordo com o gabinete de estatísticas alemão Destasis, 15 milhões, ou 19% da população alemã de 80,2 milhões, são de origem não alemã. O recenseamento foi realizado a 9 de maio de 2011.

[312] *Heritage and Destiny*, The Changing Face of a Disunited Kingdom, Preston, Inglaterra, março-abril de 2013, p. 3.

Austrália	85
França	85
Rússia	81
Canadá	80
Estados Unidos	65[313]

Depende-se muito da China para salvar a economia mundial, mas as taxas de fertilidade dos territórios vizinhos de Hong Kong (população de 7 milhões) são de 0,97 para este último e de 1,10 para Taiwan (população de 23,3 milhões), demonstrando claramente uma tendência de declínio e sugerindo que a China continental não tardará a atingir estas taxas de fertilidade, à medida que o seu nível de vida continua a aumentar. Estas taxas de fertilidade em declínio na China são também favorecidas pela política do filho único do governo chinês, em vigor desde 1979. Espera-se um crescimento populacional de zero e na China até 2025.

Desde a Segunda Guerra Mundial, um número crescente de mulheres casadas no mundo ocidental, enganadas pela propaganda maligna do feminismo e da igualdade de género, foram obrigadas a procurar trabalho, para que as suas famílias pudessem pagar os juros cada vez mais elevados necessários para sobreviver. A maior parte desses juros é cobrada através de empréstimos imobiliários, ou seja, sobre dinheiro que os bancos criaram do nada. O resultado direto deste sistema financeiro injusto foi a destruição da vida familiar normal e uma redução dramática da fertilidade feminina. Segundo Aaron Russo, os Rockefeller estiveram por trás deste esquema diabólico que foi implementado para atrair as mulheres para a rede dos impostos sobre o rendimento, desestabilizar a sociedade e instaurar a Nova Ordem Mundial.[314] É assim que podemos estabelecer uma ligação inegável entre a usura e o declínio demográfico. Mesmo que o sistema usurário fosse totalmente abolido dentro de cinco ou dez anos, estas tendências não seriam facilmente reversíveis a curto ou médio

---

313 M. Merlin, *Our Vision for America*, A2Z Publications LLC, Las Vegas, 2012, ix.

314 Ver https://www.youtube.com/watch?v=IdM8UN2aG_E, onde o falecido Aaron Russo, amigo do membro do Council on Foreign Relations, Nicholas Rockefeller, revela também que a revista de Gloria Steinem, *Ms. Magazine*, foi financiada pela CIA.

prazo. Se a usura persistir, então o mundo deve preparar-se para atravessar um período de depressão, semelhante à Idade das Trevas, que durará séculos.

Foi demonstrado de forma conclusiva nos capítulos anteriores que um sistema bancário estatal e a emissão da moeda de uma nação soberana são os únicos meios de proporcionar uma ordem natural que garanta a harmonia, a paz e a prosperidade, baseadas na independência étnica de todos os povos.

Apesar de numerosos avanços tecnológicos, os últimos 300 anos testemunharam uma deterioração progressiva da civilização ocidental europeia. A concentração excessiva de poder e riqueza, baseada exclusivamente em métodos bancários desonestos, permitiu que uma pequena camarilha de banqueiros criminosos controlasse os meios de comunicação social e o sistema e e educativo e, assim, lavasse o cérebro de uma humanidade tão atomizada quanto desprovida de reflexão, desorientada pelo conforto superficial da democracia e do materialismo, ao mesmo tempo que se mergulha numa orgia de guerras selvagens e inúteis, com o único objetivo de perpetuar este sistema de banco central que organiza a degradação cultural que nos conduz diretamente à nossa própria extinção demográfica.

APÊNDICE

Carta do Presidente Abraham Lincoln

ao Coronel E. D. Taylor

Chicago

Illinois

Dezembro de 1864

Coronel E. O. Taylor,

Há muito que decidi tornar públicas as origens dos greenbacks (notas verdes) e declarar perante o mundo que são uma criação de Dick Taylor. Sempre me demonstrou amizade nos momentos difíceis que atravessámos e, embora os meus ombros sejam largos e determinados, eu estava enfraquecido e rodeado de circunstâncias tão adversas que não sabia a quem recorrer. Então, numa situação extrema, disse a mim mesmo: «Vamos mandar buscar o Coronel Taylor; ele saberá o que fazer.» Penso que foi em janeiro de 1862, por volta do dia 16, que tomei essa decisão. Vós viestes ter comigo e eu perguntei-vos: «O que podemos fazer? » Você então me disse: «Por que não emitir notas do Tesouro sem juros, impressas no melhor papel de banco? Emitir o suficiente para pagar as despesas militares e torná-las moeda corrente. Chase achava que se tratava de uma iniciativa arriscada, mas acabámos por concretizá-la e demos ao povo desta República a maior bênção que existe – o seu próprio papel-moeda para pagar a sua própria dívida. É a si que o devemos, o pai da atual nota verde que o povo deveria conhecer, e tenho um imenso prazer em fazê-lo saber. Quantas vezes me ri de si quando me dizia que eu era demasiado preguiçoso para ser outra coisa que não um advogado.

Sinceramente seu,

A. Lincoln.

Esta carta manuscrita foi verificada e documentada a 10 de fevereiro de 1888 pelo 50.º Congresso dos Estados Unidos.

Nota da **Reserva Federal** – Moeda plutocrática emitida pelo banco privado da Reserva Federal americana.

Nota dos Estados Unidos – Moeda verdadeira emitida pelo governo que circulou de 1862 a 1994. A 4 de junho de 1963, o Presidente John F. Kennedy emitiu o Decreto Executivo n.º 11110, que instruiu o Tesouro a imprimir 4 mil milhões de dólares em notas de 2 e 5 dólares, cujo exemplo se encontra reproduzido acima. Estas notas, lastreadas na prata presente nos cofres do Tesouro, foram emitidas sem dívida e sem juros; sendo que a receita do direito de cunhagem não reverteria para a Reserva Federal privada, mas sim para o governo dos Estados Unidos. Esta emissão fazia parte de um plano a longo prazo de Kennedy para reduzir o poder da Reserva Federal. A 22 de novembro de 1963, Kennedy foi assassinado em Dallas, no Texas, por assassinos supostamente contratados por Rothschild.

CRÍTICA DE MATTHEW JOHNSON

Uma das coisas mais difíceis de explicar aos estudantes das universidades americanas é a forma como o capitalismo e o comunismo têm mais em comum do que parece. Na verdade, independentemente da forma como se explique, o velho refrão que proclama que os dois são «opostos» prevalece sempre. Pior ainda, explicar aos estudantes e aos seus pais perplexos que o sistema bancário e os conglomerados industriais americanos financiaram a Revolução Vermelha Soviética e construíram inteiramente o aparelho industrial soviético é também um exercício tão desesperado quanto exasperante.

Uma forma simples de definir tudo isto seria dizer que, para os banqueiros modernos, o controlo estatal de toda a economia a partir de um único local é o que eles consideram o paraíso. Existe apenas um plano, um sistema bancário e um sistema social em vigor; isto significa que os bancos limitam-se a fazer circular o dinheiro, enquanto esperam que o Estado, e não a economia em si, lhes reembolse os juros exigidos. Por outras palavras, a economia planificada é a que apresenta aos bancos a imagem mais simpática. Não é necessário estabelecer as ligações entre os bancos privados e a economia estatal. É tão simples para um banqueiro trabalhar para o Partido como para a Goldman-Sachs.

O capitalismo e o socialismo assentam no materialismo. A produção e a utilidade são consideradas como o bem, a eficácia dos métodos é considerada como a condição *sine qua non* da contemplação ética. Ambos os sistemas são orientados para a tecnologia, professam uma visão linear da história e procuram mecanizar todos os aspetos da vida humana. À medida que se desenvolvem, o sistema económico e o Estado fundem-se numa única máquina. O erro dos libertários sempre foi acreditar que o Estado e o capital privado estão em oposição. Quando, na verdade, é o contrário que é verdade. Uma grande concentração de capital está sempre profundamente ligada ao Estado, utilizando-o tanto como salvaguarda como regulador, a fim de manter um acesso consideravelmente limitado ao mercado. A derrota do Departamento de Justiça per e

Microsoft em 2010-2012 demonstra o desequilíbrio de poder entre o capital privado e o Estado. Isto pode parecer um tema distante para um estudo do sistema bancário. Para o típico professor de economia política, é-o de facto. Mas para aqueles, como o Sr. Goodson, que foram membros do conselho de administração do Banco Central da África do Sul durante muitos anos, a perspetiva académica isolada parece um absurdo. O Sr. Goodson estava tudo menos isolado e assistiu à estreita tomada de controlo da vida económica por gigantescos conglomerados bancários em todo o mundo. Foi testemunha privilegiada disso.

Este livro não é um estudo de técnicas económicas. Trata-se, felizmente, de um estudo histórico. Goodson compreende o que a maioria dos economistas é incapaz de compreender: o facto de que, para compreender um fenómeno económico, este deve ser considerado como o resultado de décadas de desenvolvimento histórico. Cada aspeto do todo vem continuamente reforçar a visão global e o todo é, por si só, tal como um organismo, em constante evolução, à medida que a história apresenta novos desafios, novos projetos e novas vítimas.

Por outras palavras, a vida secreta dos bancos não é apenas o resultado da vontade de um grupo de homens reunidos numa ilha ao largo da costa da Geórgia. Eles próprios eram os atores de uma corrente histórica que remonta às primeiras civilizações mesopotâmicas, tendo culminado em Roma. O facto de o conjunto ter sempre assentado nos mesmos valores, independentemente da civilização em que se inseriu, é tão impressionante que merece uma análise aprofundada. No entanto, dadas as repercussões políticas de tal honestidade, o Sr. Goodson teve de se demitir, pois muito poucos membros do mundo institucional se dariam ao trabalho de mencionar os seus trabalhos, muito menos de lhes aderir.

Há uma constante histórica que se destaca claramente deste estudo: que a distinção essencial entre a monarquia e o republicanismo (em termos gerais) é de natureza económica. As repúblicas são normalmente oligarquias e es, ou pelo menos contêm os germes dessas oligarquias. As monarquias, por estarem em guerra perpétua contra a sua própria nobreza, rejeitam frequentemente as suspeitas de oligarquia. Seja o Partido Nacional-Socialista da China ou da Bielorrússia, o Banco Real de São Petersburgo ou a ditadura centralizada da era agostiniana, qualquer forma de estatismo forte travou uma guerra contra o monopólio bancário. Nenhum governante autoritário jamais aceitou a rivalidade de um mediador económico todo-poderoso. É claro que existem algumas exceções de ambos os lados, mas a história demonstra claramente que os Estados fortes, aqueles baseados na autoridade tradicional, rejeitam a alquimia da moeda e da usura.

ROMA

Na época de Cícero, Roma já se afastava rapidamente da sua oligarquia senatorial, rumo ao império militar de Sila e dos seus sucessores. O impacto imediato, assim que a poeira das guerras civis assentou, foi o controlo da cunhagem da moeda e da usura. Júlio César procurou limitar o pagamento de juros a 1% ao mês e, num impulso populista raramente visto na história, baniu a sua acumulação composta. Além disso, quaisquer juros acumulados nunca podiam ultrapassar o capital inicial.

Em Bizâncio, o Império Romano de Oriente, os juros estavam oficialmente limitados a 5%, a aceitar ou a recusar, mas isso só podia ser mantido sob o reinado de imperadores de mão de ferro. Por exemplo, Basílio II rejeitou todos os juros e obrigou os proprietários abastados a ajudar os camponeses pobres. O seu poder, embora popular, deparava-se geralmente com uma reação aristocrática que colocava então imperadores fantoches em Constantinopla. No entanto, sob tal sistema, a Roma Oriental possuía uma economia vibrante e popular. A sua moeda servia de padrão geral em regiões tão remotas como a China. Os camponeses eram proprietários de terras livres e o feudalismo não existia. A inflação também estava ausente e o comércio florescente favorecia sempre o capital. É por isso que os estados oligárquicos e, como Veneza, Dubrovnik e os intrusos normandos da Sicília, não pararam de financiar os inimigos de Roma.

Após 1204, quando os cruzados normandos tomaram Constantinopla, impôs-se o domínio dos oligarcas venezianos. Depois de terem abdicado da sua autonomia financeira em troca de injeções regulares de dinheiro veneziano, os imperadores dos séculos XIV e XV condenaram Bizâncio à morte. Tendo perdido toda a independência económica e vendo a imensa riqueza do Oriente ser engolida pelo pagamento de juros à Itália, Bizâncio acabou por ruir sob uma invasão turca financiada pela Itália em 1453. Veneza tornou-se aliada incondicional da Turquia.

Não há aqui nenhum mistério económico. Onde a usura é rigorosamente controlada, a fuga contínua e a acumulação de riqueza nos centros bancários não existem. Esta hemorragia financeira significa que o valor permanece onde deve estar: com os pequenos empresários e os pequenos proprietários de terras. Sem o aumento matemático dos juros, uma simples parte do trabalho de hoje era suficiente para manter a estabilidade monetária, o abastecimento necessário e uma nobreza obrigada a servir o Estado em vez de se servir dele. Com o sistema moderno da usura, a centralização é inevitável, pois os juros compostos vêm continuamente sugar todo o valor económico acrescentado, para se acumular nos cofres da cabala.

A INGLATERRA

A Inglaterra não era, de forma alguma, diferente. Antes da invasão normanda, a Inglaterra anglo-saxónica, mesmo após os ataques dos vikings, vivia uma época de ouro financeiro. Mais uma vez, os pequenos comerciantes eram a norma, o comércio urbano mantinha os preços baixos e a falta de capital líquido impedia qualquer centralização. Num sistema deste tipo, o feudalismo não podia existir. A usura foi proibida em Mercia sob o reinado de Offa, o Grande, e a tentativa frenética de Alfredo,, de centralizar o poder em Wessex contra os dinamarqueses, levou-o igualmente a recusar os «serviços» da cabala bancária. No entanto, os bancos italianos estavam muito interessados no ataque planeado por Guilherme, o Conquistador, contra o bastião dos anglo-saxões e na eliminação da influência escandinava na Inglaterra. Na sua comitiva, seguia-se um pequeno exército de judeus comerciantes de escravos, venezianos e banqueiros romanos. A usura foi, por algum tempo, autorizada sob a hegemonia normanda. A antiga aristocracia inglesa foi massacrada e Guilherme, o Conquistador, importou uma nova nobreza com laços estreitos com a Itália. O feudalismo fez assim a sua primeira aparição em solo inglês. Vários séculos mais tarde, a Irlanda viria também a conhecer os benefícios do progresso normando.

Tal progresso, na época do rei Estêvão, levou à criação de um sistema bancário que cobrava uma média de 33% de juros sobre as terras hipotecadas e 300% sobre os capitais. No espaço de duas gerações, mais de 66% das terras inglesas passaram para as mãos de banqueiros judeus e italianos. Isso pode explicar a necessidade constante do Império Plantageneta de se apoderar de cada vez mais terras francesas.

Tal foi o destino da Inglaterra normanda até ao reinado de Eduardo I (1307), que imitou os bizantinos (onde muitos anglo-saxões tinham servido após 1066) ao limitar rigorosamente os juros e a sua acumulação. Ao expulsar os banqueiros do país, ele deu início a uma era de prosperidade que foi infelizmente interrompida pela peste. Não é por acaso que, precisamente no momento em que Bizâncio abandonou a sua soberania a Veneza em troca da utilização da sua marinha, a Inglaterra tomou o caminho oposto contra a Itália e Roma.

Desde o reinado de Eduardo I até à Grande Peste, a Inglaterra foi próspera. O ano de trabalho compreendia 14 semanas, o que correspondia a um período suficiente para prover ao essencial. O calendário eclesiástico, na Europa Ocidental e Oriental, exigia entre 100 e 140 dias de férias por ano, sem contar os domingos e o período após a Páscoa. É claro que o capitalismo teria de travar uma guerra implacável contra a Igreja e buscar a aprovação protestante para eliminar os dias santos do calendário. O reinado do pequeno proprietário estava de volta pela primeira vez desde Eduardo, o Confessor. Infelizmente, não foi o último. A Reforma, uma vez que a influência de Lutero tivesse declinado, tinha ideias diferentes sobre o dinheiro.

Assim que Henrique VII estabilizou a Inglaterra após a Guerra das Rosas, voltou o tempo da ascensão dos bancos. A Reforma e a imoralidade de Henrique VIII forneceram a desculpa necessária. A Reforma foi uma tentativa dos Estuardos de começar a centralizar o poder, depois de os membros da velha nobreza se terem massacrado uns aos outros. As terras monásticas foram secularizadas, desenvolveu-se um mercado imobiliário e o financiamento do comércio de longa distância tornou-se uma prioridade. Henrique VII tornou-se o último suspiro de um Estado tradicional poderoso. De Henrique VIII a Eduardo VI, e depois a Isabel, uma nova oligarquia que necessitava da pompa da monarquia como fachada, tinha tomado o poder. Muito rapidamente, assim que ganhou confiança no seu papel, precisou da ajuda de Guilherme de Orange para justificar a sua existência.

A Espanha, uma vez o Islão finalmente repelido, procurou livrar-se dos sefarditas, os aliados tradicionais do califado muçulmano. O nacionalismo espanhol era consubstancial à Igreja e ao Estado, sendo para ambos um vetor de purificação e regeneração. Mudando-se para Amesterdão, os sefarditas reconstruíram a sua sede bancária, criando uma «base» de influência assente em quatro pilares: o comércio de cereais do Báltico, os bancos de Amesterdão, Constantinopla, o mercado turco e, o mais importante, a Polónia. Isto representava a tendência para a modernidade, pois o preço dos cereais disparou no Ocidente, obrigando o Oriente a exportar cada vez mais.

Sob o reinado de Isabel e certamente durante e após a Revolução Inglesa, a Espanha era o inimigo. A Irlanda católica solicitou a ajuda espanhola contra a espoliação dos gaélicos pela Inglaterra, algo que Cromwell puniria com uma dureza genocida. A importação de prata do Novo Mundo pela Espanha ameaçava o reinado dos bancos. O sistema bancário financiou a rebelião holandesa d o contra os espanhóis, enquanto a imprensa mundial não poupava retórica exagerada para denunciar a presença dos exércitos espanhóis na Europa do Norte. Os inimigos britânicos da elite bancária também olhavam para a Espanha em busca de eventual assistência.

Depois de Carlos I ter sido derrotado em 1645 e de Cromwell ter instaurado a sua ditadura militar na Inglaterra e na Irlanda em 1653, o regime bancário tinha agora destruído os seus inimigos e assegurado a sua posição. A ocupação pacífica de Winchester por Guilherme de Orange, 30 anos mais tarde, significava que os banqueiros tinham agora a Inglaterra à sua disposição para a utilizar contra a França e a Espanha. Não surpreenderá ninguém que os jacobitas tenham despendido tanto tempo e esforços a atacar a elite bancária que se tinha apoderado do poder com tanta veemência. Nem Jaime Inem Jaime II acreditavam no «direito divino», nem desejavam impor a sua ditadura. Apenas Cromwell ambicionava essa honra. No entanto, os Jaimes foram acusados de todos os crimes possíveis. Jaime defendia a tolerância religiosa, não uma «teocracia espanhola», como os Whigs viriam mais tarde a alegar. O partido Whig defendia o sistema da usura e, como tal, foi sempre o movimento político que procurou a guerra com a França, a Espanha e, eventualmente, a Rússia, da forma mais feroz.

O Parlamento, que se tinha tornado um instrumento do capitalismo e do império, procurava a menor desculpa para se vingar da Espanha. A «democracia» e a «vontade do povo» eram consideradas sinónimos dos interesses dos comerciantes e dos mercadores. A Inglaterra tinha-se tornado uma oligarquia. Os líderes católicos deveriam ser para sempre impedidos de reinar em Londres, independentemente do desejo de neutralidade religiosa de James. A guerra de Guilherme contra a França foi financiada por todo o sistema bancário de Amesterdão, algo que foi claramente admitido pelo próprio Guilherme de Orange, quando tentou arranjar um casamento com uma Stuart que deveria permanecer sem filhos.

A Ucrânia e a Polónia

Certamente não é uma coincidência que o reinado de Cromwell e o lento genocídio dos resistentes irlandeses e dos jacobitas ingleses tenham ocorrido ao mesmo tempo que se desenvolvia o movimento oposto no outro «pólo» do «espaço comercial» judaico. O crescimento da população do Ocidente, bem como a centralização progressiva dos Estados, conduziram a um aumento da procura de cereais. Isso significava, entre outras coisas, que a nobreza precisava de intensificar a servidão dos camponeses e dedicar uma parte mais significativa da produção à exportação.

A nobreza polaca tinha concedido aos judeus o monopólio do comércio terrestre, da vida urbana, do mercado de arrendamento e do álcool. As fontes históricas oficiais da história ucraniana são todas obrigadas a admitir isso. A monarquia polaca, impotente, procurou recuperar o poder, tal como aconteceu noutros locais, através de uma aliança com as cidades. Considerando isso uma ameaça, os nobres polacos contrariaram essa tendência acolhendo judeus cazares em busca de uma nova pátria após a queda da Itália, séculos antes. Não só a encontraram, como o seu poder oficial e o seu sucesso atingiram tal grau que as alegações rabínicas de que o século XVII era uma época «messiânica» eram muito comuns. Na verdade, tratava-se de um rufar de tambores anunciando que o tempo do salvador estava próximo. Em vez disso, sofreram a revolta do cossaco Hetman Bogdan Khmelnytsky. A revolta de Khmelnytsky foi o oposto da de Cromwell. Os cossacos lutaram contra uma oligarquia de longa data, enquanto Cromwell procurava estabelecer uma.

A ascensão de Khmelnytsky, em 1648, foi o único acontecimento que definiu para sempre o nacionalismo ucraniano. Nada voltou a ser como antes. A Polónia esteve à beira do colapso. Os judeus tiveram de fugir para salvar a vida. Os tártaros da Crimeia conseguiram libertar-se do domínio da Turquia. Roma estava em pânico, pois as suas igrejas, há muito associadas à usura, foram queimadas pelos cossacos, lembrando-se de que a sua construção tinha ocorrido um século antes, sobre as ruínas das igrejas ortodoxas. Ainda cambaleante sob a Re a, Roma enfrentava agora também a sua erradicação no Oriente. O Patriarca de Jerusalém, Paisios, consagrou o Hetman Khemlnytsky como «Monarca de todas as Rússias». A Rússia, Viena, a Prússia e Paris eram agora capazes de centralizar o seu poder e desafiar Roma. A Rússia mantinha queixas específicas contra Roma, pois tinha sido o papado que declarou uma cruzada contra a Rússia do Norte em 1256, financiou a expansão mongol e qualificou o ataque polaco à Ucrânia de «guerra santa». Embora Paris e Viena continuassem católicas, tratava-se de um catolicismo nacional, em que a coroa, e não Roma, começava a selecionar os arcebispos. Isso não iria durar.

Roma conseguiu sugerir aos crimeanos que abandonassem os eslavos ortodoxos. A morte de Herman Khmelnytsky em 1657 conduziu a uma divisão no seio do exército cossaco, entre os hetmans e as duas margens do Dniepr. O hetman Ivan Vyhovsky e Pavlo Teteria procuravam uma aliança polaca, Briukhovetsky, no Oriente, voltou-se para Moscovo e Doroshenko, em desespero, foi ter com os turcos. Em 1708, o hetman Ivan Mazepa dirigiu-se aos suecos. Seguiu-se um desastre e, entre os historiadores ucranianos, este período é designado como a «ruína».

À medida que a Rússia se aproximava do Dniepr, Viena alarmou-se com a potencial russificação da maior parte da Europa Oriental (incluindo os Balcãs) e mobilizou os seus esforços contra ela. Recuperando alguma margem de manobra, a Polónia recuperou a sua estabilidade anterior e a nobreza regressou ao país. Um século mais tarde, a rebelião cossaca de Haidaimak conduziu ao impensável: o tratado de «amizade eterna» (ou seja, a Trégua de Androussovo, 1667) entre a Polónia e a Rússia, dividindo a Ucrânia em dois impérios distintos. A rebelião de Haidaimak foi esmagada por um esforço conjunto de Moscovo e Cracóvia e tudo voltou a ser exatamente como era antes de 1648.

Tal como em Inglaterra, sob o domínio cossaco, a sociedade estava dividida em condados, geridos por uma democracia local que demonstrava total desinteresse pela usura. Seguiram-se os resultados típicos: as comunidades eslavas tradicionais ressurgiram e daí resultou estabilidade política e económica. O lento apoio da aristocracia cossaca, financiada por São Petersburgo, conduziu à imposição de uma oligarquia que permitiu facilmente a Catarina II, em meados do século XVIII, pôr fim para sempre aos Hetmanatos.

Os Estados Unidos

As colónias descentralizadas dos EUA foram, em geral, prósperas. Terras em abundância, excelentes portos e um forte espírito pioneiro geraram um mundo avançado a partir de quase nada. Quando questionado sobre todos estes fenómenos, Benjamin Franklin formulou a sua famosa observação:

> «É muito simples. Nas colónias, emitimos a nossa própria moeda. Chama-se script colonial. Emitimo-la em proporção à procura da indústria e do comércio, a fim de facilitar a transferência de produtos dos produtores para os consumidores. Desta forma, ao criarmos nós próprios a nossa própria moeda de papel, controlamos o seu poder de compra, sem ter de pagar juros a ninguém.» (Benjamin Franklin, Londres, 1763)

Com exceção do detestável Alexander Hamilton, os pais fundadores da América, embora divididos em quase todos os outros assuntos, eram unânimes no que dizia respeito aos bancos. Tratava-se de um domínio abominado. O valor do dólar permaneceu estável até 1917. No entanto, os ciclos de bolhas e crises desde a Guerra Civil, o imenso aumento do poder federal, a Primeira Guerra Mundial e a formação do império americano ajudaram a preparar o terreno para a instauração da conspiração privada da Reserva Federal nos Estados Unidos. (O termo «federal» deve ser entendido, neste caso, como semelhante ao de «Federal Express»).

O facto é que os receios dos antifederalistas eram fundamentados: o governo dos EUA em Washington tinha-se tornado extremamente poderoso, arrogante e completamente desligado dos cidadãos americanos. Estava há muito sob o domínio de um embrião de oligarquia que logo assumiu a forma da Reserva Federal, do Império Rockefeller, do culto a Carnegie e do estado de guerra testado durante a Guerra Hispano-Americana e nos últimos meses da Primeira Guerra Mundial.

De 1914 a 1920, os preços aumentaram 125%, como Goodson tão bem relata. O dólar perdeu quase 60% do seu valor em seis anos. Os títulos do Tesouro federal sofreram, ao mesmo tempo, uma queda de 20% no seu valor, o que teve como efeito tornar os títulos antigos mais caros. No entanto, o reembolso dos novos títulos mais baratos foi exigido pelos bancos, o que significava, naturalmente, que o dinheiro era devido.

Uma instabilidade adicional foi causada quando os preços dos caminhos-de-ferro e de outros meios de transporte dispararam. As pequenas explorações agrícolas, que outrora constituíam a espinha dorsal da prosperidade americana, foram lentamente tornando-se economicamente inviáveis, antes de desaparecerem definitivamente. O que, na prática, significava uma transferência maciça de riqueza do campo para as cidades. A produção agrícola desabou em 50%. A guerra contra a América rural estava declarada e ainda não tinha chegado ao fim. O défice foi logo colmatado pelo agronegócio, o que se tornou possível graças a uma centralização do crédito que procurava financiar conglomerados de maior dimensão, considerados entidades mais seguras do que as pequenas estruturas.

Em 1927, a Reserva Federal baixou as suas taxas e, assim, aumentou a massa monetária. Mas era a época dos «anos loucos», o início de uma oligarquia à vista, enquanto entidade confiante e desprovida de qualquer oposição séria. Isso significa que o dinheiro era considerado um valor por si só, separado da produção real. O dinheiro fluía para o mercado bolsista, multiplicando a procura e inflacionando os preços. As margens foram aumentadas através da dívida, e o rácio preço-rendimento subiu para 50:1, ou seja, o preço das ações era muito superior à capacidade produtiva do capital envolvido. Visto de outra forma, o preço das ações não tinha qualquer relação com a saúde financeira das empresas em questão, a produtividade do capital ou do trabalho, nem com o valor acrescentado resultante.

Assim, em 1927, o mercado bolsista americano era uma farsa. Os preços refletiam os investimentos especulativos, o dinheiro fácil e a perceção — que continua a ser um mistério psiquiátrico — de que tal crescimento falso duraria para sempre. A viabilidade financeira das empresas não tinha qualquer importância. Em 1929, a Reserva Federal aumentou as suas taxas de juro para 6%. O sinal era claro: o mercado bolsista, no seu conjunto, viu o seu valor cair 83%. 10 000 bancos faliram e os corretores, que operavam com base em bolhas constituídas por dívidas, ficaram arruinados.

A Rússia

A prosperidade e o crescimento económico da Rússia tiveram início com a libertação dos servos por Alexandre II em 1861. Os servos, que se encontravam sob o controlo direto do Estado, já tinham sido libertados pelo czar Nicolau [I]. Como muitas vezes aconteceu, os monarcas mais autocráticos foram os únicos a ter a coragem de passar por cima das elites para impor legislação a favor dos camponeses. Ao contrário da emancipação dos servos austríacos alguns anos antes e da libertação dos escravos sulistas por Lincoln, os servos russos receberam terras juntamente com a sua liberdade. O Estado reembolsou a nobreza e, com o tempo, os camponeses puderam reembolsar o Estado. Os pagamentos eram muito baixos e o czar Nicolau II anulou-os todos em 1905. Isso foi apenas mais um prego no caixão da nobreza.

Os servos russos nunca tinham sido escravos. A servidão, uma reação às invasões polacas e suecas do século[XVII], tinha afetado apenas os camponeses das regiões de terra negra do sul da Rússia. Nunca tinha existido no norte, nem na Sibéria. Na Rússia central, afetava apenas os servos que tinham de realizar certas tarefas em troca de serviços prestados ou de bens de consumo. Mas a partir de 1840, a maioria dos camponeses pagava rendas, o que significava que já não eram servos. A servidão, na Rússia, significava realmente a garantia para um camponês de possuir a terra necessária à sua sobrevivência e, ao mesmo tempo, a garantia de rendimentos estáveis, pois serviam diretamente o Estado, em e, fornecendo nomeadamente os efetivos militares. Como todos estavam ao serviço de todos, o sistema era equilibrado. Sob o czar Paulo e a sua mãe, Catarina II, os nobres foram libertados do serviço ao Estado, tornando-se assim politicamente impotentes.

Os camponeses gozavam de um governo autónomo nas comunas, onde todos os cargos eram preenchidos através de eleições. O *volost*, ou governo do condado, era igualmente eleito, com representação igualitária de todas as classes sociais. O sistema judicial ao nível dos *volost* e das comunas baseava-se no exercício de uma democracia camponesa pura. Os juízes da comuna eram exclusivamente membros do campesinato e os tribunais dos *volosts* eram compostos por dois nobres e dois representantes dos camponeses. No geral, a nobreza russa encontrava-se numa situação financeira pior do que a do campesinato, sobrecarregada de dívidas e há muito isenta do serviço estatal. Não tinha mais nada para fazer senão comprar artigos de luxo ocidentais acima das suas possibilidades. As comunas camponesas tinham o direito de anular as leis federais e eram, em geral, completamente autossuficientes. Se a Rússia sofria de alguma coisa, era de um excesso de democracia!

Em 1861, o *volost* foi substituído pelo *zemstvo*, um poderoso sistema de condados dotado de uma câmara baixa de camponeses e de uma câmara alta de nobres, na maioria das vezes pobres. O *zemstvo* era responsável pela educação, pelas infraestruturas públicas, pela vida eclesiástica, pela cobrança de impostos e pela polícia. Não havia nenhum domínio da vida camponesa que não se baseasse na democracia local. Um «capitão rural», geralmente um nobre pobre, era eleito para mediar os conflitos entre camponeses e nobres e, por vezes, os camponeses recorriam ao capitão se tivessem alguma queixa contra a comuna ou as autoridades do *zemstvo*. Politicamente falando, a partir de 1850, os nobres tornaram-se politicamente impotentes.

Assim, a libertação dos servos e a criação da imprensa livre, do *zemstvo* e de uma infinidade de reformas educativas puseram fim ao processo revolucionário, este último sendo um o quase inteiramente financiado pela Grã-Bretanha. A mão anônima, considerando isso intolerável, mandou assassinar Alexandre II em 1881. Seu filho, Alexandre III, deu continuidade ao programa de reformas iniciado por seu pai e, sendo um homem de mão firme e muito determinado, esmagou o movimento revolucionário até sua morte em 1894.

O czar Alexandre III criou o Banco Agrário dos Camponeses no início de 1880, que concedia empréstimos sem juros aos camponeses, pois procurava canalizar os investimentos para os injetar na melhoria das condições agrícolas. O czar Alexandre e o seu ministro das Finanças, Nikolai Bunge, conceberam e implementaram a legislação laboral mais completa da história europeia. O seu filho, Nicolau II, foi-a aperfeiçoando continuamente até ao início da Primeira Guerra Mundial.

> «Os russos foram pioneiros em matéria de direito do trabalho. O trabalho infantil foi abolido mais de 100 anos antes de o ter sido na Grã-Bretanha, em 1867. A Rússia foi o primeiro país industrializado a aprovar leis que limitavam as horas de trabalho nas fábricas e nas minas. As greves, que foram proibidas na União Soviética, eram autorizadas, mas pouco comuns, na época do czar. Os direitos sindicais foram reconhecidos em 1906, enquanto uma inspeção do trabalho controlava rigorosamente as condições de trabalho nas fábricas. Em 1912, foi introduzida a segurança social. A legislação laboral era tão avançada e humana que o presidente dos Estados Unidos, William Taft, declarou: «O Imperador da Rússia promulgou uma legislação laboral mais próxima da perfeição do que a de qualquer país democrático. Os povos de diferentes raças que viviam no seio do Império Russo gozavam de uma igualdade de estatuto e de oportunidades sem paralelo no mundo moderno. Sua Majestade Imperial, o Czar Nicolau II (1894-1917) e o seu banco estatal criaram um paraíso para os trabalhadores sem paralelo na história da humanidade.» (Goodson)

Não há aqui qualquer mistério. O imperador alemão, um autocrata igualmente e e, aprovou legislação semelhante. Em ambos os casos, o crescimento económico nos setores agrícola e industrial foi, em média, de 15%. O número de habitantes disparou e, no caso russo, os camponeses receberam terras gratuitamente e ferramentas novas na Sibéria do sul (não na parte gelada do norte), a fim de colonizar esse vasto espaço vazio com cerca de duas vezes o tamanho dos Estados Unidos. Em 1905, 90% das terras aráveis russas estavam nas mãos dos camponeses. Nenhuma outra sociedade industrializada conseguia rivalizar com estas medidas. Os camponeses compravam em massa as terras dos nobres, pois a Rússia era, ao mesmo tempo, completamente autossuficiente. O seu mercado interno cobria quase 99% da sua produção e não precisava de nenhum bem proveniente do estrangeiro. Tudo o que recebeu do Ocidente foi a revolução…

Mais a sul, a Geórgia solicitou a proteção russa como um escudo contra os seus vizinhos muçulmanos. O XIII.º Dalai Lama do Tibete, Thubten Gyamtso, pediu que o czar Nicolau II colocasse o seu país sob a proteção russa, a fim de salvar a monarquia budista de se afogar no ópio britânico. Vários russos serviram de tutores aos nobres tibetanos e ao próprio Dalai Lama. A Rússia era considerada a salvadora de todos aqueles que lutavam contra o imperialismo chinês e britânico.

O czar Nicolau II sentiu-se tentado a entrar em guerra com a Manchúria, pois a China mantinha sob o seu jugo a população budista do oeste e os tibetanos. Vários milhões de muçulmanos encontravam-se igualmente sob o jugo da Manchúria chinesa. A Rússia era chamada de «Salvador Branco», profetizado há muito pelos sábios chineses. A descoberta de petróleo em Baku, no atual Azerbaijão, que na época fazia parte do Império Russo, só veio agravar a situação aos olhos dos britânicos. A dinastia Rothschild tinha declarado guerra à Rússia, financiado os revolucionários russos e, mais importante ainda, promovido uma aliança antirussa.

A aliança Rothschild foi, em grande parte, criada em retaliação ao sucesso russo. Baseava-se no financiamento da Turquia, das tribos turcas do sul da Rússia, da Pérsia e, o que é mais preocupante, do Japão. A ocupação turca dos Balcãs recebeu o aval dos Rothschild, pois sem a Turquia, os Estados pró-russos, como a Sérvia e a Bulgária, viriam preencher o vazio. A imprensa britânica felicitou os turcos por se terem libertado da «superstição ortodoxa» e por considerarem os russos como «mongóis» cujos «dentes» deviam ser mantidos afastados dos Balcãs.

A Rússia ajudou a financiar a Bulgária e a Sérvia, procurando unificar a China após a queda do Estado Manchu. Com o seu protetorado indireto sobre o Tibete e a adição do Estado georgiano, letrado e urbanizado, começou a instalar-se um equilíbrio de poderes instável entre o paraíso dos banqueiros e o paraíso dos trabalhadores. Infelizmente, o Japão revelou-se uma aposta mais segura do que a China. A Rússia apoiou o Afeganistão contra a Inglaterra na Guerra Anglo-Afegã de 1879-1880, mas isso não foi tão eficaz quanto o rearmamento do Japão sob a égide da Marinha Real.

Se a Rússia não tivesse participado na Primeira Guerra Mundial, qual teria sido o resultado? Um cenário realista seria o seguinte: a população russa em franca expansão teria repovoado toda a Sibéria e parte da Ásia Central. A Rússia teria tomado os Balcãs e Constantinopla, provavelmente com a bênção da Alemanha. Isso teria permitido à Rússia ocupar a maior parte do Médio Oriente, ou, no mínimo, tornar-se a protetora dos ortodoxos gregos e árabes. A Alemanha teria compreendido a utilidade de uma aliança com a Rússia em vez de com Viena. Os interesses russos e alemães, bem como os seus sistemas ideológicos e políticos, eram muito semelhantes. A aliança russa com o seu velho inimigo, a Inglaterra, tinha pouco sentido político para a Rússia, mas controlar a expansão alemã era a prioridade de Londres a partir de 1910-1913. A Alemanha percebeu que a sua aliança com a Áustria-Hungria a obrigaria a participar em qualquer conflito em que Viena se envolvesse. Isso não serviria os interesses alemães. O fraco desempenho militar da Áustria durante a guerra, bem como a instabilidade da sua economia, foram o que forçou a Alemanha a dividir as suas forças militares em duas frentes.

Os novos e crescentes recursos petrolíferos da Rússia, o seu imenso reservatório de recursos naturais, o seu mercado interno e o seu capital industrial teriam permitido financiar um protetorado sobre a China e certamente sobre toda a Ásia do Sudeste. A maior parte da Ásia Central, sob controlo chinês, teria também se colocado sob a proteção russa, se não fosse pela sua ocupação. Comparada com o colonialismo inglês, a expansão russa nunca foi de exploração, mas sim de defesa.

Este mercado, este crescimento económico e este aumento contínuo da população teriam atraído as restantes potências mundiais para a Rússia. Teria sido considerada, em termos militares, como inexpugnável. Voltada para o Oriente em vez de para o Ocidente, não teria sido uma ameaça para o equilíbrio de poder europeu. Uma aliança com a Alemanha teria selado o destino da Europa como potência monárquica, tradicional e cristã. Viena teria ficado impotente e teria assim começado a resolver os seus desentendimentos com a Alemanha, pois os alemães do império procuravam aproximar-se dela e a população eslava voltava-se para a Rússia. Uma Hungria furiosa e expansionista nunca teria podido emergir, pois estaria constantemente em guerra contra as suas minorias, igualmente furiosas.

A Igreja Ortodoxa teria encontrado um aliado voluntário no luteranismo alemão (monárquico) e no antigo movimento católico em crescimento. Se a Rússia e a Grécia tivessem aderido a este cisma com a Igreja Romana, como estava previsto, a antiga Igreja Católica teria ficado substancialmente reforçada. Já existia um interesse crescente entre os conservadores anglicanos e alguns luteranos pela tradição ortodoxa.

A maior parte do oeste do Canadá teria passado para o controlo russo a partir da população do Alasca, cujas interações positivas com os habitantes das ilhas Aleutas tinham transformado a Rússia numa presença bem-vinda, em vez de imperialista. As empresas russas já estavam presentes em Havaí e teriam protegido a sua monarquia. Os EUA financiaram a derrubada da casa real havaiana. Dada a boa imagem da Rússia na maior parte da Ásia, não há razão para acreditar que a casa real havaiana (e os outros estados do

Pacífico) não tivessem igualmente considerado o benefício de um protetor distante, mas poderoso.

O imperialismo russo não era movido pelo lucro, como o do Império Britânico. Era de natureza defensiva. As populações nativas eram normalmente bem tratadas e, tal como no caso dos arménios e dos muçulmanos da Ásia, nunca foram forçadas a converter-se à Ortodoxia nem a falar russo. Juravam lealdade ao czar e ao Alcorão. A Polónia viu-se dotada de uma das constituições mais liberais do mundo, e a Finlândia, outra colónia da Rússia, permanecia totalmente independente, exceto em matéria de política externa. Assim, não há qualquer razão para pretender que o reinado imperial russo pudesse ter sido objeto do menor ressentimento, nem mesmo ser considerado como uma «dominação» no sentido estrito do termo.

Hoje, isso parece uma fantasia quase inconcebível. Mas durante algum tempo, antes do massacre da Primeira Guerra Mundial, era considerado uma realidade viável em São Petersburgo e em Londres. Goodson dá uma ideia de como isso teria sido possível:

> «A 12 de junho de 1860, o Banco do Estado do Império Russo foi fundado com o objetivo de estimular as receitas comerciais e reforçar o sistema monetário. Até 1894, era apenas uma instituição auxiliar sob o controlo direto do Ministério das Finanças. Nesse ano, foi transformado no banqueiro dos banqueiros e tornou-se o instrumento da política económica do governo. Cunhava e imprimia as moedas e as notas da nação, regulava a massa monetária e, através da rede de bancos comerciais, concedia à indústria e ao comércio créditos a juros baixos.» (Goodson sobre Alexandre II)

Os opositores da Pax Russica não ficavam de braços cruzados. São Petersburgo era, apesar de todos os seus problemas, um núcleo duro que o regime bancário não conseguia quebrar. Se a Rússia continuasse o seu desenvolvimento em grande escala, o crescimento populacional e a industrialização, a usura seria destruída. O Estado russo, mais do que o capital privado, planeava e dirigia os investimentos a partir de fundos locais. Os franceses constituíam a única presença estrangeira substancial na indústria russa. Se esta fosse substituída por projetos de cooperação russo-alemães, a usura ficaria gravemente ameaçada. Era necessário tomar medidas. Para dar ao leitor uma ideia do que essas medidas poderiam ser, Goodson cita o discurso do membro do Congresso L. T. McFadden na Câmara dos Representantes em 1932:

> «Eles [os banqueiros "europeus"] financiaram as manifestações de massa de Trotsky em Nova Iorque, a fim de espalhar o descontentamento e a rebelião. Pagaram a viagem de Trotsky de Nova Iorque até à Rússia, para que ele pudesse participar na destruição do Império Russo. Fomentaram e provocaram a Revolução Russa e colocaram somas consideráveis à disposição de Trotsky numa das suas sucursais bancárias na Suécia, para que, através dele, os lares russos fossem completamente destruídos e as crianças russas fossem separadas dos seus tutores naturais. Desde então, iniciaram a sua empreitada de destruição dos lares americanos e de dispersão das crianças americanas.»

McFadden foi silenciado. Tal como o Sr. Goodson. O autor perdeu um cargo universitário por causa disso. Não há tema mais sensível do que a usura, pois nenhum poder se equipara ao dos juros compostos. A esquerda é uma emanação dos bancos, e a maior parte da «direita» dos neoconservadores também. A monarquia foi derrubada por esses interesses e substituída por uma oligarquia mundial, que controla, segundo as fontes, até 80% do PIB mundial. É claro que tudo isto existe em nome da liberdade, do progresso e da democracia.

Começámos este longo ensaio com o conceito de usura e o facto de o setor bancário ocidental se sentir muito à vontade com o estatismo de esquerda. Analisámos a questão em profundidade, explicando por que e como esta aliança demoníaca se concretizou. Ela continua atual e quase não enfrenta oposição. No entanto, existem reações, ainda que vagas, contra a monopolização progressiva da riqueza e do trabalho.

Goodson não termina com uma nota negativa. Ele conclui a sua exposição com uma breve visão geral da situação do Dakota do Norte. Como se o leitor precisasse de provas adicionais das tendências destrutivas da usura e do sistema de reservas fracionárias. O Dakota do Norte criou um banco estatal no qual são depositadas as receitas do estado. Este concede empréstimos a taxas de juro muito baixas a agricultores e pequenas empresas. Todos os lucros são revertidos para o estado. Sem esta prática de juros compostos cobrados aos cidadãos, o Dakota do Norte não foi afetado pela crise imobiliária de 2007. O PIB do estado cresceu quase 100% desde 1997, enquanto o rendimento por família aumentou, no mesmo período, 140%.

Embora os meios de comunicação tenham defendido a ideia de que o sucesso da Dakota do Norte se devia exclusivamente à sua pequena indústria petrolífera, este tipo de desenvolvimento certamente não ocorreu no Alasca, que, no entanto, possui muito mais recursos de hidrocarbonetos do que a Dakota do Norte. A Nigéria está a afogar-se em petróleo e, no entanto, continua a ser um país pobre. A Somália e o Chade também estão repletos de rios de petróleo, tal como a Indonésia e a Birmânia, mas todos estes Estados são igualmente pobres. Aparentemente, o petróleo só beneficia a Dakota do Norte e os ricos de Beverly Hills.[315]

A principal força do livro de Goodson é, de facto, a sua pertinência. Ele defende uma tese: onde um banco estatal dirige o universo financeiro de uma economia, essa economia prospera. A sua análise da Alemanha dos anos 1930, da Itália do início do século XX, bem como do Japão, apresenta todos estes países sob a égide de bancos controlados pelo Estado, taxas de juro baixas, investimentos estatais e um desprezo g e pelo livre comércio libertário. Este sistema permitiu a estes países atingir taxas de crescimento de três dígitos, desemprego inexistente e inflação próxima de zero. Atualmente, a China, Taiwan e a Bielorrússia são os melhores exemplos disso.

A Bielorrússia, tal como a Ucrânia e a Rússia, começou a

[315] N.T. Alusão a uma famosa série televisiva do outro lado do Atlântico.

definhar quando o FMI e a Universidade de Harvard ajudaram este sistema mafioso a celebrar acordos de privatização, que acabaram por obrigar um dos seus presidentes, Alexandre Lukashenko, a travar as privatizações, a centralizar o poder e a nacionalizar o setor financeiro. Enquanto a Ucrânia atual perdeu 70% da sua indústria e vê 80% da sua população instruída afundar-se abaixo do limiar da pobreza, a taxa de desemprego da Bielorrússia é de 1% e a sua indústria regista uma taxa de crescimento anual de 10% desde 2000. O mesmo se aplica às duas Chinas: quando George Soros provocou as duas crises monetárias de 1997, as únicas duas economias não afetadas foram as únicas que possuíam bancos controlados pelo Estado, nomeadamente Taiwan e a China. Antigas potências como a Coreia do Sul e o Japão, bem como a Tailândia, tornaram-se peões oficiais do FMI. O seu sistema de empregos garantidos para toda a vida foi abolido e o seu nível de vida desmoronou-se.

Antes da guerra que devastou os seus respetivos países, a Líbia e a Síria também apresentavam um crescimento anual de dois dígitos, tinham presidentes populares e ambos os países estavam perto de alcançar o estatuto de mundo desenvolvido. Ambos os países dispunham de bancos controlados pelo Estado e de investimentos produtivos orientados pelo Estado. O Estado era um parceiro nos investimentos estratégicos, e não uma extensão destes. O Iraque de Saddam Hussein fazia exatamente o mesmo até que os EUA lhe declararam guerra.

O banco estatal birmanês está sob o controlo do Ministério das Finanças, dirigido pelo Major-General Hla Tun, que recebeu formação financeira ocidental. O seu adjunto é o Coronel Hle Swe. Os birmaneses não dão qualquer margem para a manipulação estrangeira da sua moeda. O solo birmanês, rico em g petróleo e minerais, as ligações da Birmânia com a China e o elevado nível de educação da sua população tornam-na cada vez mais um alvo da especulação ocidental e dos seus ataques políticos. Apesar da guerra civil, das sanções ocidentais e dos movimentos separatistas, o país conseguiu, ainda assim, construir 10 universidades, várias dezenas de barragens, aumentar o nível de alfabetização para 80% e garantir que os camponeses possuíssem as suas próprias terras desde 1999. Se o leitor reconheceu nisto um certo modelo económico, tem certamente razão.

Os trabalhos de Goodson não estão isentos de falhas. No entanto, os seus erros são menores. Ele afirma que Gavrilo Princip era judeu e que o seu assassinato do arquiduque Fernando provocou a Primeira Guerra Mundial. Princip não era suspeito de ser judeu, sobretudo porque era originário do interior da Bósnia Ocidental, da pobre aldeia rural de Obljaj, um local totalmente rural e inacessível. Era filho de camponeses pobres de origem bósnio-sérvia. O apelido de solteira da sua mãe era o muito ortodoxo: Misic. Nem o pai, nem a mãe tinham nomes judeus, e o modesto trabalho do pai nos correios não revela, de forma alguma, a pertença a um meio «bancário elitista». Princip fazia parte do movimento «Jovem Bósnia», vagamente ligado à sociedade militar da «Mão Negra», também conhecida como «A União ou a Morte». Tratava-se de uma organização nacionalista composta por membros paramilitares, que não tinha qualquer ligação com os poucos judeus que viviam na Sérvia naquela época. A sua família alargada tem o apelido de Jovicevic, originária de Montenegro, onde há muito poucos judeus.

O assassinato de Fernando não provocou a Primeira Guerra Mundial. A Sérvia tinha acedido às exigências de Viena após o assassinato, e a Alemanha também se mostrava impressionada com o desejo da Sérvia de manter a paz. A Sérvia estava completamente exausta pelas Guerras dos Balcãs e não queria mais lutar. Além disso, a escolha do alvo não fazia sentido; Ferdinand era mais ou menos popular entre os eslavos do sul, pois era considerado o membro mais pró-sérvio d e real. A Áustria, por outro lado, procurava um *casus belli* desde a rebelião local contra a sua ocupação da Bósnia e a criação artificial do «Estado da Albânia», que servia para privar a Sérvia do seu litoral e a mantinha separada do Montenegro.

As circunstâncias da visita do Grão-Duque foram estranhas. Ferdinand visitava a Sérvia e a Bósnia no dia da festa nacional sérvia, *o Vidovdan*, quando o clima nacionalista estava no auge. Foi também o início de manobras militares altamente belicistas. Ferdinand não dispunha de um dispositivo de segurança adequado a uma visita real em território hostil. O percurso do comboio de Fernando foi inexplicavelmente desviado pelo seu próprio pessoal austríaco, para o local onde Princip e outros o aguardavam. No entanto, para grande pesar da Alemanha, mesmo antes de ter sido recebida a resposta sérvia ao ultimato austríaco, Viena já tinha declarado guerra.

Estes dois erros têm pouca importância, mas são comuns e compreensíveis e mereciam ser salientados. Isso não diminui em nada a imensa acessibilidade e utilidade do seu livro, que merece uma ampla divulgação. Por todas estas razões, aprovo de todo o coração o trabalho do Sr. Goodson.

Matthew Johnson, PhD
Fayetteville, Pensilvânia

CRÍTICA DE TOM SUNIC

Na consciência popular europeia, o dinheiro sempre foi associado a algo sujo, algo criminoso, algo que não era digno do homem europeu, algo que só era apreciado por um povo estrangeiro, distante e secreto. Desde a Antiguidade até à era pós-moderna, foram escritos montes de livros sobre a maldição do dinheiro e do ouro amaldiçoado. É preciso recordar o rei Creso, ou a maldição do rei Midas, ou pensar no massacre generalizado da saga medieval dos Nibelungos, cuja história gira em torno do ouro escondido no Reno e do sofrimento causado por esse ouro.

Como Goodson nos lembra no seu livro, a obsessão pela moeda virtual e a prática da usura, bem como o papel do ouro, não perderam hoje nada do seu caráter mortal. Na verdade, muitas transações financeiras modernas e muitas práticas económicas mundiais fraudulentas, suscitadas por esta sede de ouro, tornaram-se ainda mais mortíferas, ameaçando desta vez não apenas a sobrevivência da civilização ocidental, mas a de toda a humanidade.

Em primeiro lugar, é preciso deixar claro que Goodson não é um adepto das teorias da conspiração, nem um daqueles intelectuais que lançam o opróbrio sobre os judeus, cuja prosa muitas vezes causa mais danos do que verdadeiros esclarecimentos ao leitor que deseja documentar-se sobre a natureza fictícia da moeda e dos seus criadores, muito menos fictícios. Por todas estas razões, Goodson pode invocar as suas referências indiscutíveis relativamente ao tema analisado nesta obra. Foi membro do Conselho de Administração do SARB (South African Reserve Bank), possuindo uma longa experiência no setor bancário, ou, para o dizer de uma forma menos recatada, foi um observador privilegiado das operações financeiras entre iniciados. Como é possível que, no nosso suposto melhor dos mundos democráticos, um mundo que se orgulha da transparência e da liberdade judicial, a maioria dos cidadãos não tenha a menor ideia de quem são os acionistas dos principais bancos centrais, tais como a Reserva Federal nos Estados Unidos e muitos outros em todo o mundo?

Goodson demonstra com factos como a Reserva Federal americana não tem nada a ver com o Estado nem com o sentido da democracia nos Estados Unidos, mas está, na realidade, inteiramente ao serviço de uma corporação anónima, um sindicato do crime composto por financistas todo-poderosos. Certamente não é por acaso que, desde o rebentamento da chamada bolha imobiliária nos EUA em 2008, nenhuma instituição bancária de grande porte, seja a Goldman Sachs ou o J. P. Morgan, foi responsabilizada por imprimir moeda falsa ou conceder empréstimos surrealistas. Pode-se dizer que todos eles lavaram as mãos.

Transpira do livro de Goodson um conhecimento notável das circunstâncias políticas e sociais da Roma Antiga, da Inglaterra de Cromwell ou da Alemanha de Weimar. Assim, esta obra não pode ser simplesmente rejeitada como um vulgar panfleto antisemita. É precisamente o tom imparcial de Goodson, ao percorrer o panorama de diferentes períodos históricos, que faz deste livro não só uma obra erudita, mas também uma leitura revigorante para um leitor iniciante que deseje saber mais sobre a mística monetária.

A usura parece ter estado, desde sempre, no centro das revoltas sociais e das guerras. A Roma antiga sofreu muitas vezes as consequências disso, o que acabou por conduzi-la à sua queda. Goodson retrata as reformas económicas e sociais de César, o estadista, a sua implementação do primeiro sistema de segurança social, a supressão das rendas para muitos cidadãos romanos em dificuldades e, finalmente, a proibição de cobrar juros sobre um empréstimo já existente. O Império Romano conheceu um breve apogeu. No entanto, muitos aristocratas não conseguiam tolerar a magnanimidade de César para com os pobres e decidiram matá-lo. Os agiotas, a maioria dos quais eram estrangeiros de origem judaica, ao lado dos seus servos gentios subservientes, parecem ter sido a engrenagem que impulsionou esta corrupção e este declínio da Civilização Ocidental.

Um padrão semelhante de crescimento económico e declínio pode ser observado durante a elaboração e adoção da famosa Carta Magna na Inglaterra medieval, cujo objetivo principal era restringir o jugo dos primeiros credores judeus e abolir a usura. De facto, várias décadas mais tarde, em 1290, a sua implementação foi seguida da expulsão dos judeus da Inglaterra. Um leitor atento poderá questionar-se por que razão tantos autores clássicos, bem como numerosos cidadãos comuns analfabetos, têm, ao longo dos tempos, culpado os judeus por todos os males socioeconómicos e por que razão os judeus têm sido tão frequentemente vítimas de perseguições brutais? Longe de enveredar pelo discurso de ódio ou difamatório contra os judeus, o autor documenta com exatidão a percentagem desproporcional de judeus que se dedicavam à atividade de agiotas, um detalhe que contribuiu historicamente para o seu destino trágico.

O autor não elude de forma alguma o poder das novas correntes teológicas e políticas, nomeadamente a emergência do calvinismo e o nascimento de uma nova mentalidade durante os séculos XVIe XVIIna Europa, bem como os formadores de opinião e políticos americanos. Os ensinamentos de Calvino sobre a predestinação e a importância do papel social que atribuía aos mercadores tiveram um enorme impacto na vida política na Europa e na América recém-descoberta. O mercador e o agiota tornaram-se, de certa forma, os novos modelos em matéria de política e finanças, pessoas cujo comportamento devia ser imitado e utilizado como um superego pelos gentios. Esta imitação dos judeus por parte dos gentios, através do calvinismo original e do puritanismo, espalhou-se rapidamente, primeiro na América capitalista e mais tarde, especialmente após a Segunda Guerra Mundial, na Europa continental. Goodson mostra como o revolucionário inglês calvinista fanático Oliver Cromwell se considerava «o eleito», e não apenas um shabbat goy comum. Pouco depois da decapitação do rei Carlos I, Cromwell reabriu as portas da Inglaterra para acolher calorosamente os judeus.

O autor parece também lançar uma luz interessante sobre o nível de vida das pessoas comuns na Inglaterra medieval, um país cuja qualidade de vida, em muitos aspetos, era muito superior à das nossas sociedades modernas. Nos séculos XIVe

XV, os plebeus trabalhavam menos de 14 semanas por ano. Se tivermos de julgar a qualidade de vida e a felicidade pela quantidade de tomadas elétricas e pelo saldo da nossa conta bancária, nunca seremos capazes de compreender o verdadeiro sentido da felicidade. Em muitos casos, no entanto, a chamada Idade das Trevas da Inglaterra e da Europa continental parece muito mais luminosa do que a nossa própria Idade das Trevas atual. A maior parte da arquitetura dessa época era a expressão direta da alegria popular, onde a busca pela transcendência espiritual era muito mais procurada do que a felicidade efémera do sistema moderno, no qual a acumulação de dinheiro se tornou uma nova religião laica.

Depois vieram as más notícias. Em 1694, foi criado o Banco de Inglaterra, o modelo a partir do qual todos os outros bancos centrais da Europa e, mais tarde, dos Estados Unidos, foram instituídos. Pouco depois, teve início o que os historiadores modernos chamam de «modernidade», o que na realidade significa a escravização dos povos. Os financistas ingleses não gostaram que as primeiras colónias americanas tivessem emitido a sua própria moeda e demonstrado hostilidade em relação ao Banco da Inglaterra. A tentativa da Inglaterra de abolir a moeda americana foi também uma das principais causas da Revolução Americana. Em grande medida, a prosperidade vivida pela América no século XIX deveu-se precisamente à ausência de um banco central. Não devemos nunca esquecer, como recorda o autor, que a campanha presidencial de Andrew Jackson foi conduzida sob a bandeira: «VOTE EM ANDREW JACKSON, NÃO AO BANCO! » O ano de mau agouro para os EUA, bem como para o mundo inteiro, foi o da criação do Banco da Reserva Federal em 1913, que precipitou indiretamente o mundo ocidental nas duas guerras mundiais que se seguiram, e depois em cerca de uma centena de outras guerras locais por todo o mundo.

A situação não é mais animadora para os cidadãos americanos. Embora, desde 1919, se tenham tornado os cidadãos invejados de uma superpotência mundial, em 2014 a dívida pública tinha passado de 2,6 mil milhões de dólares para 17,5 biliões de dólares. Ninguém quer admitir isso publicamente, mas a maioria dos americanos e dos cidadãos ocidentais não vive uma vida a crédito, mas sim luta e vegetam, pagando a sua própria morte através de prestações mensais. O tempo do grande colapso e do fim da raça branca está, sem dúvida, a chegar.

O autor descreve moedas fiduciárias semelhantes e diferentes formas de práticas bancárias em vigor noutras partes da Europa, bem como a emergência da Rússia bolchevique, amplamente financiada pelos banqueiros judeus de Nova Iorque. O mérito deste livro é que não considera o ambiente bancário de um ponto de vista meramente maniqueísta, mas procura sempre as nuances entre os dois. É louvável que Goodson mencione também o economista alemão Gottfried Feder, que foi ele próprio um dos críticos mais virulentos da usura e dos juros compostos na Alemanha de Weimar. O problema com «Feder» é que este economista de renome esteve, durante algum tempo, afiliado ao nacional-socialismo, o que pode causar repulsa e franzir o sobrolho a alguns, mesmo entre os leitores mais imparciais da obra de Goodson. Como é possível hoje, no nosso ambiente politicamente correto de censura académica, extrair algo de positivo de um estudioso nacional-socialista? Sendo o nacional-socialismo hoje oficialmente retratado como o símbolo do mal absoluto, nunca deve conter nada que possa ser aceite como relativamente bom — mesmo em domínios apolíticos como o desporto, a ecologia ou, muito menos, a economia. Feder conduziu as suas pesquisas com base no estudo das reparações de guerra impostas à Alemanha de Weimar pelo campo vencedor da Primeira Guerra Mundial. Chegou à conclusão de que o pagamento de juros compostos empobreceria os cidadãos e provocaria desemprego em massa. Os ensinamentos de Feder aplicam-se perfeitamente à época atual, especialmente se quisermos pensar em possíveis soluções para resolver o problema das enormes dívidas soberanas de todos os países ocidentais.

Numa nota um pouco menos pessimista, o autor menciona o incrível sucesso do estado norte-americano da Dakota do Norte, cujo banco lhe permitiu tornar-se o estado mais dinâmico e com a taxa de desemprego mais baixa dos Estados Unidos. Resta saber como é que o Dakota do Norte irá atravessar a tempestade que se avizinha. Enquanto o meio académico oficial e os meios de comunicação social evitarem mencionar a raiz do problema do caos financeiro que se aproxima, os EUA, bem como os seus satélites europeus, não farão mais do que saltar de um desastre para outro.

Dr. Tomislav Sunic
Zagreb, Croácia

BIBLIOGRAFIA[316]

D.J. Amos, *The Story of the Commonwealth Bank*, Veritas Publishing Company Pty Ltd, Bullsbrook, Austrália Ocidental, 1986.

A.N. Andreadēs, *History of the Bank of England*, P.S. King & Son Ltd, Londres, 1935.

H.C. Armstrong, *Grey Steel J.C. Smuts: Um Estudo sobre a Arrogância*, Arthur Barkers Ltd, Londres, 1937.

D. Astle, *The Babylonian Woe*, Omnia Veritas Ltd, 2015.

D. Astle, *The Tallies, A Tangled Tale and The Beginning and the Ending*, Edição Privada, Toronto, 1997.

P.T. Bauer, *Equality, and the Third World, and Economic Delusion*, Harvard University Press, Cambridge, Massachusetts, 1981.

I. Benson, *The Zionist Factor*, The Noontide Press, Costa Mesa, Califórnia, 1992.

K. Bolton, *The Banking Swindle - Money Creation and the State*, Black House Publishing Ltd, Londres, 2013.

W.D. Bowman, *A História do Banco de Inglaterra*, Herbert Jenkins Ltd, Londres, 1937.

E. H. Brown, *Web of Debt, A chocante verdade sobre o nosso sistema monetário e como nos podemos libertar*, Third Millenium Press, Baton Rouge, Louisiana, 2008.

G. Buchanan, *My Mission to Russia and other Diplomatic Memories*, Cassell and Company Limited, Londres, 1923.

H.S. Chamberlain, *The Foundations of the Nineteenth Century*, The Bodley Head, Londres 1912, Vol. II.

K. Chazan, *The Jews of Medieval Western Christendom 1000-1500,*, Cambridge University, Nova Iorque, 2008.

[316] Nota do editor: A maioria das referências aqui citadas são obras em língua inglesa, exceto quando existe uma versão francesa, precedida, se for o caso, por um asterisco.

A. Cherep-Spiridovich, *The Secret World Government or "The Hidden Hand"*, The Ant-Bolshevist Publishing Association, Nova Iorque, 1926.

O.P. Chitwood, *John Tyler Champion of the Old South*, Russell & Russell, 1964.

W.S. Churchill, *Passo a Passo, 1936-1939*, Odhams Press, Londres.

W.S. Churchill, *A Segunda Guerra Mundial, A Tempestade que se Aproxima, Vol. I*, Cassell & Co. Ltd, Londres, 1948.

G.M. Coogan, *Money Creators, Who Creates Money? Who Should Create It?*, Omni Publications, Hawthorne, Califórnia, 1963.

I.M. Cumpston, *Lord Bruce of Melbourne*, Longman Cheshire, Melbourne, 1989.

W. Cunningham, *O Crescimento da Indústria e do Comércio Ingleses durante a Alta e a Baixa Idade Média*, Cambridge University Press, 3.ª edição, 1896.

*L. Degrelle, *Hitler né à Versailles*, Vol. I de Siècle d'Hitler, Art Et Histoire De L'Europe (1987).

A.J. de Grund, *Itália Fascista e Alemanha Nazista: O «Estilo Fascista de Governo»*, Routledge, Londres, 2004.

F. W. de Klerk, *Die laaste trek – 'n nuwe begin Die Outobiografie*, Human & Rousseau, Cidade do Cabo, 1998.

A. Del Mar, *A História do Dinheiro na América desde os Tempos Mais Remotos até à Promulgação da Constituição*, Omni Publications, Hawthorne, Califórnia, 1936.

A. Del Mar, *Dinheiro e Civilização: Ou uma História das Leis e Sistemas Monetários de Vários Estados desde a Idade das Trevas e a sua Influência na Civilização*, Omni Publications, Hawthorne, Califórnia, 1975.

E. de Maré, *Uma Questão de Vida ou Dívida*, Humane World Community, Inc., Onalaska, Washington, 1991.

R.E. Elletson, *Parapometria Monetária: Um Estudo de Caso do Terceiro Reich*, Christian International Publications, Wilson, Wyoming, 1982.

S. Fay, *Retrato de uma Senhora Idosa*, Penguin, Londres, 1987.

G. Feder, *O Programa do NSDAP, O Partido Nacional-Socialista dos*

Trabalhadores Alemães e as suas Concepções Gerais, traduzido por E.T.S. Dugdale, Fritz Eher Verlag, Munique, 1932.

N. Ferguson, *A Casa dos Rothschild, Os Profetas do Dinheiro 1798-1848*, Vol. 1 e Vol. 2, Penguin Books, Londres, 1999.

G. Ferrero, *Grandeza e Declínio do Império Romano*, Vol. VI, William Heinemann Ltd, Londres, 1908.

A.N. Field, *A Verdade Sobre a Crise – O que as Notícias Nunca Contam*, Publicação privada, Nelson, Nova Zelândia, 1935.

A.N. Field, *All These Things*, Omni Publications, Hawthorne, Califórnia, 1936.

*N.G. Finkelstein, *A Indústria do Holocausto: reflexões sobre a exploração do sofrimento dos judeus*, La Fabrique 2001.

I.N. Fisher, *Stamp Scrip*, Adelphi Publishers, Nova Iorque, 1933.

J.K. Galbraith, *The Age of Uncertainty*, Houghton Mifflin, Boston, 1977.

T.H. Goddard, *História das Instituições Bancárias da Europa e dos Estados Unidos*, H.C. Sleight, Nova Iorque, 1831.

R. Gollam, *The Commonwealth Bank of Australia: Origins and Early History*, Australian National University Press, Canberra, 1968.

O. e J. Grubiak, *The Guernsey Experiment*, Distributionist Books, Londres, 1992.

A. Hitler, *O Meu Combate - Mein Kampf*, Omnia Veritas Ltd.

Hitler's Table Talk, compilado por M. Bormann, Ostera Publications, 2012.

Hoek Verslag van Prof. Piet Hoek aan Dr H.F. Verwoerd, 1965.

D.L. Hoggan, *The Forced War: When Peaceful Revision Failed*, Institute for Historical Review, Costa Mesa, Califórnia, 1989.

E. Holloway, *How Guernsey Beat The Bankers*, Economic Reform Club & Institute, Londres, 1958.

R.K. Hoskins, *Ciclos de Guerra – Ciclos de Paz*, The Virginian Publishing Company, Lynchburg, Virgínia, 1985.

Inconvenient History, Volume V, 2013, HBB Press, San Ysidro, Califórnia, 2013.

F.J. Irsigler, *No Sétimo Dia Criaram a Inflação*, Wynberg, Cabo, África do Sul, 1980.

D. Irving, *Churchill's War, The Struggle for Power*, Veritas Publishing Company Pty Ltd, Bullsbrook, Austrália Ocidental, 1987.

D. Irving, *The War Path: Hitler's Germany 1933-1939*, Macmillan, Londres, 1978.

D. Irving, *Nuremberg The Last Battle*, Focal Point Publishers, Londres, 1996.

Money and Banking in Japan, Departamento de Investigação Económica do Banco do Japão, traduzido por S. Nishimura, editado por L.S. Presnell, Macmillan, Londres, 1973.

E.M. Josephson, *The "Federal" Reserve Conspiracy & Rockefellers*, Chedney Press, Nova Iorque, 1968.

H.S. Kenan, *O Banco da Reserva Federal*, The Noontide Press, Los Angeles, 1968.

A. Kitson, *Um Padrão Fraudulento*, Omni Publications, Hawthorne, Califórnia, 1972.

G. Knupffer, *A Luta pelo Poder Mundial, Revolução e Contra-Revolução*, The Plain-Speaker Publishing Company, Londres, 1971.

J.M. Landowsky, *Red Symphony*, traduzido por G. Knupffer, www.archive.org/details/RedSymphony

**La Symphonie Rouge*, Omnia Veritas Ltd, 2015. www.omnia-veritas.com

The Letters of T.E. Lawrence, editado por D. Garnett, Jonathan Cape, Londres, 1938.

C.A. Lindbergh, *The Economic Pinch (Lindbergh on the Federal Reserve)*, The Noontide Press, Costa Mesa, Califórnia, 1989.

F. Leuchter, *The Leuchter Report: The end of a myth, Um relatório de engenharia sobre as alegadas câmaras de gás em Auschwitz Birkenau e Majdanek, Polónia*, David Clark, 1988.

D. Marsh, *O Bundesbank: O Banco que Governa a Europa*, William Heinemann Ltd, Londres, 1992.

«*Discursos Coletivos do Congressista Louis T.* McFadden», Omni Publications, Hawthorne, Califórnia, 1970.

S. McIntyre, *Uma História Concisa da Austrália*, Cambridge University Press, Melbourne, 2009.

N. Mühlen, *Hitler's Magician: Schacht The Life and Loans of Dr Hjalmar Schacht*, trad. E.W. Dicks, George Routledge & Sons Ltd, Londres, 1938.

*E. Mullins, *Os Segredos da Reserva Federal*, Le Retour aux Sources, 2010.

C.S. & R.L. Norburn, *Um Novo Sistema Monetário: O Maior Passo da Humanidade*, Omni Publications, Hawthorne, Califórnia, 1972.

*J. Perkins, As *Confissões de um Assassino Financeiro*, Alterre, 2005.

E.N. Peterson, *Hjalmar Schacht: a favor e contra Hitler: Um estudo político-económico da Alemanha, 1923-1945*, The Christopher Publishing House, Boston, 1954.

"Ezra Pound Speaking" Discursos de Rádio da Segunda Guerra Mundial, Editado por L.W. Doob, Greenwood Press, Westport, Connecticut, 1978.

P.J. Pretorius, *Volksverraad, Die Geskiedenis agter die Geskiedenis*, Uma História da Banca Central, Libanon-Uitgewers, Mosselbaai, Cabo Ocidental, África do Sul, 1996.

**Os Protocolos dos Sábios de Sião*, Deterna, 2010.

*Mouammar Al Kadhafi, *O Livro Verde*, Hadès Éditions, Rouen, 2015. www.hadeseditions.com

C. Quigley, *Tragedy and Hope A History of the World in Our Time*, The Macmillan Company, Nova Iorque, 1966.

A.H.M. Ramsay, *A Guerra Sem Nome*, Omnia Veritas Ltd., 2014.

R.V. Remini, *Andrew Jackson*, Twyne Publishers Inc., Nova Iorque, 1966.

J. Robison, *Provas de uma Conspiração contra todas as Religiões e Governos da Europa, levada a cabo nas Reuniões Secretas dos Maçons, Illuminati e Sociedades de Leitura, recolhidas de Fontes Fidedignas*, Western Islands, Belmont, Massachusetts, 1967.

J.E.T. Rogers, *Os primeiros nove anos do Banco de Inglaterra*, Clarendon Press, Oxford, 1887.

A. Rosenberg, *O Mito do Século XX*, The Noontide Press, Torrance,

Califórnia, 1982.

G. Rudolf, *Dissecting the Holocaust: The Growing Critique of "Truth" and "Memory"* (Holocaust Handbooks Series 1), Theses & Dissertations Press, 2.ª edição revista, 2003.

J. Ryan-Collins, T. Greenham, R. Werner, A. Jackson, *De Onde Vem o Dinheiro, Um Guia para o Sistema Monetário e Bancário do Reino Unido*, New Foundation, Londres, 2012.

R.S. Sayers, *The Bank of England 1891-1944*, Cambridge University Press, 1976.

R.E. Search, *Lincoln Money Martyred*, Omni Publications, Palmdale, Califórnia, 1989.

W.G. Simpson, *Qual o Caminho do Homem Ocidental?*, Yeoman Press, Cooperstown, Nova Iorque, 1978.

F. Soddy, *Riqueza, Riqueza Virtual e Dívida*, G. Allen & Unwin, Londres, 1933.

*O. Spengler, *O Declínio do Ocidente*, Gallimard, Paris, 1948.

H. Strakosch, *The South African Currency and Exchange Problem*, Joanesburgo, Central News Agency Limited, 1920.

J.G. Stuart, *The Money Bomb*, William Maclellan (Embryo) Limited, Glasgow, 1984.

*A.C. Sutton, *Wall Street e a Revolução Bolchevique*, Le Retour aux Sources, 2010.

I. Tarbell, *A Short Life of Napoleon*, S. S. McClure Limited, Nova Iorque, 1895.

A.J.P. Taylor, *As Origens da Segunda Guerra Mundial*, Hamish Hamilton, Londres, 1961.

H.A. Thomas, *Stored Labor: A New Theory of Money*, 1991.

G.M. Trevelyan, *História Social Inglesa, Um Panorama de Seis Séculos: de Chaucer à Rainha Vitória*, Longmans Green and Co., Londres, 1948.

Documentos Ocultos – O que é ocultado aos alemães, Fz-Verlag, Munique, 1993.

L. Villari, *Política Externa Italiana sob Mussolini*, Holborn Publishing Ltd, Londres, 1959.

M. Walsh, *Testemunha da História*, Historical Review Press, Uckfield, Sussex, 1996.

T.E. Watson, *Esboços da História Romana*, The Barnes Review, Washington, DC, 2011.

N.H. Webster, *A Revolução Francesa*, The Noontide Press, Costa Mesa, Califórnia, 1982.

J. Weitz, *O banqueiro de Hitler: Hjalmar Horace Greely Schacht*, Little, Brown and Company, Londres, 1999.

R.G. Werner, *Princes of the Yen*, M.E. Sharpe, Nova Iorque, 2003.

R. McNair Wilson, *Monarchy or Money Power*, Eyre & Spottiswoode, Londres, 1934.

*F.P. Yockey, *Imperium*, Omnia Veritas Ltd.

ÍNDICE

OUTROS TÍTULOS

OMNIA VERITAS
OMNIA VERITAS LTD APRESENTA:
A GUERRA das DROGAS contra a AMÉRICA
O tráfico de droga não pode ser erradicado porque os seus gestores não permitirão que lhes seja retirado o mercado mais lucrativo do mundo...
POR JOHN COLEMAN
Os verdadeiros promotores deste maldito comércio são as "elites" deste mundo

OMNIA VERITAS
OMNIA VERITAS LTD APRESENTA:
AS GUERRAS DO PETRÓLEO
POR JOHN COLEMAN
O relato histórico da indústria petrolífera leva-nos através das voltas e reviravoltas da "diplomacia".
A luta para monopolizar os recursos cobiçados por todas as nações

OMNIA VERITAS
OMNIA VERITAS LTD APRESENTA:
DIPLOMACIA POR ENGANO
UM RELATO DA CONDUTA DE TRAIÇÃO DOS GOVERNOS DA GRÃ-BRETANHA E DOS ESTADOS UNIDOS
POR JOHN COLEMAN
A história da criação das Nações Unidas é um caso clássico da diplomacia do engano

OMNIA VERITAS
OMNIA VERITAS LTD APRESENTA:
por John Coleman
A HIERARQUIA DOS CONSPIRADORES
HISTÓRIA DO COMITÉ DE 300
Esta conspiração aberta contra Deus e o homem inclui a escravidão da maioria dos humanos...

OMNIA VERITAS
OMNIA VERITAS LTD APRESENTA:
INSTITUTO TAVISTOCK
de RELAÇÕES HUMANAS
Moldando o declínio moral, espiritual, cultural, político e económico dos Estados Unidos da América
Sem o Tavistock, não teria havido as Guerras Mundiais I e II.
por John Coleman
Os segredos do Instituto Tavistock para as Relações Humanas

OMNIA VERITAS
OMNIA VERITAS LTD APRESENTA:
JOHN COLEMAN
MAÇONARIA DE A A Z
MAÇONARIA
de A a Z
No século XXI, a Maçonaria tornou-se menos uma sociedade secreta do que uma "sociedade de segredos"
por John Coleman
Este livro explica o que é a Maçonaria

OMNIA VERITAS
OMNIA VERITAS LTD APRESENTA:
Os muitos acontecimentos trágicos e explosivos do século XX não aconteceram por si só, mas foram planeados de acordo com um padrão bem estabelecido...
O CLUBE DE ROMA
O GRUPO DE REFLEXÃO DA NOVA ORDEM MUNDIAL
POR JOHN COLEMAN
Quem foram os planificadores e criadores destes grandes eventos?

OMNIA VERITAS
OMNIA VERITAS LTD APRESENTA:
Todos os grandes acontecimentos históricos são planeados em segredo por homens que se rodeiam de total discrição
PARA ALÉM da CONSPIRAÇÃO
DESMASCARAR O GOVERNO MUNDIAL INVISIVEL
por John Coleman
Os grupos altamente organizados têm sempre uma vantagem sobre os cidadãos

OMNIA VERITAS
www.omnia-veritas.com

STEPHEN MITFORD GOODSON

HISTÓRIA DOS BANCOS CENTRAIS
&
DA SUBJUGAÇÃO DA HUMANIDADE

OMNIA VERITAS

STEPHEN MITFORD GOODSON
(1948 – 4 de agosto de 2018)

Stephen Mitford Goodson foi um banqueiro, autor e político sul-africano. Fez parte do conselho do Banco da Reserva da África do Sul (2003-2012) e foi líder do Partido pela Abolição do Imposto sobre o Rendimento e da Usura. Conhecido pelas suas críticas virulentas ao sistema bancário central, à usura e às finanças internacionais, é autor de vários livros, entre os quais *A History of Central Banking and the Enslavement of Mankind*. As suas teses revisionistas e controversas valeram-lhe acusações de antissemitismo.

A History of Central Banking
and the enslavement of mankind

História dos Bancos Centrais
***& da subjugação da humanidade*.**

Traduzido do inglês e publicado por
OMNIA VERITAS LTD

OMNIA VERITAS®
www.omnia-veritas.com

© Omnia Veritas Ltd – 2026

Todos os direitos reservados. Nenhuma parte desta publicação pode ser reproduzida por qualquer meio sem a autorização prévia do editor. O código da propriedade intelectual proíbe cópias ou reproduções destinadas a uso coletivo. Qualquer representação ou reprodução integral ou parcial, feita por qualquer meio, sem o consentimento do editor, do autor ou dos seus sucessores, é ilícita e constitui uma contrafação punível nos termos dos artigos do Código da Propriedade Intelectual.

www.ingramcontent.com/pod-product-compliance
Lightning Source LLC
LaVergne TN
LVHW011017061026
849535LV00006B/1925
9781805404842